아이디어 하나가
지역을 살린다

안익준 지음

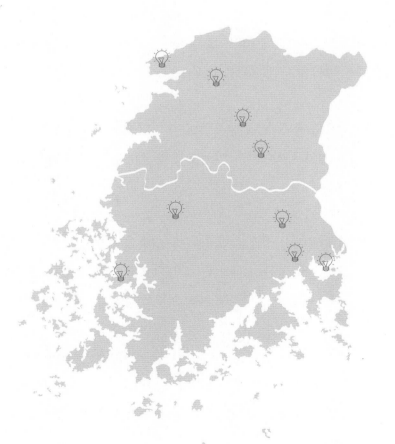

머리말

"번트를 대지 마라. 홈런을 노려라."

푸에르토리코라는 나라가 있다. 중남미의 미국령인데 2021년 현재 국민소득이 3만불에 조금 못 미친다. 이 나라가 미국령이어서 원래 잘 살았냐면 그렇지 않았다. 비슷한 조건의 주변 카리브해 나라들처럼 400년 이상을 가난과 기아 속에서 살았다.

그러다가 1950년대 데이비드 오길비라는 전설적인 광고인이 푸에르토리코의 국가 홍보 캠페인을 맡게 된다.

이 캠페인으로 푸에르토리코는 400년 가난에서 벗어나게 되었고, 나아가 미국 기업들의 투자가 이어져 산업 전반이 바뀌는 일대 전기가 마련된다.

처음에 이 놀랄만한 성과를 접했을 때, 단순히 중남미 관광지 하나 소개해서 그곳으로 많은 미국인이 휴가를 오게 만든 것으로 생각했다. 그러나 자세히 보니 적당히 칭찬받고 잊힐 성격의 일이 아니었다.

20세기 가장 뛰어난 광고인으로 평가받는 데이비드 오길비의 역작 '푸에르토리코 캠페인'으로 카리브해의 가난한 섬나라는 가난에서도 벗어났고, 미국 기업들의 투자도 이어져 자립 경제의 기반을 닦을 수 있었다. 한마디로 푸에르토리코의 역사는 오길비의 푸에르토리코 캠페인 이전과 이후로 나뉠 수 있을 정도였다. 오길비라는 철학까지 갖춘 천재 광고인이 3백만 명 섬나라의 운명을 바꿔놓았다.

오길비의 캠페인을 주목하는 이유가 있다.

첫째, "못 파는 광고는 창의적이더라도 쓰레기다"는 그의 지론이 잘 드러나 있다. 그의 캠페인은 놀랄 만큼 창의적이면서도 대단한 성과를 냈다. 그리고 그것은 한 나라를 살렸다.

둘째, 그는 평소 "가족에게 보여주지 못할 광고는 만들지 마라"는

데이비드 오길비의 푸에르토리코 국가 홍보 캠페인 중 하나.
푸에르토리코를 가난한 섬나라에서 품위 있는 휴양지 겸 투자처로 자리매김했다.

말을 자주 했다. 푸에르토리코를 비키니 입은 미녀들이 즐비한 해변의 나라라고 소개했어도 관광객은 증가했을 것이다. 그런데 그런 방식이 푸에르토리코 국민의 자긍심을 높여주진 못했을 것이다. 그는 푸에르토리코를 미지의 아름다움이 있는 섬이자 품격있는 사람들이 사는 고풍스러운 문화가 있는 고장으로 소개했다. 관광 캠페인에 문화를 접목했다. 그것도 1950년대에.

셋째, 그는 푸에르토리코를 단순하게 관광휴양지의 이미지로 한정시키지 않았다. 미국 기업이 투자하기 좋은 환경을 갖춘 숨은 보석으로 만들었다. 미국인에게 아주 매력적인 투자처라는 인식을 심어주었고 이는 푸에르토리코의 산업 전반을 크게 발전시키는데 결정적 기여를 하게 된다.

데이비드 오길비는 미국을 유럽에 알리기도 했고, 프랑스와 영국을 미국에 알리기도 했다. 각국의 정부가 큰 금액을 지급하고 광고를 의뢰했다. 성과들도 좋았다. 오길비의 캠페인이 있기 전, 영국은 미국인들이 여행가는 유럽국가 5위였는데 단숨에 1위로 올라섰다. 국가 전체적으로 보면 오길비에게 지급한 '거금'은 아무것도 아니었다. 미국도 마찬가지였다. 오길비의 예리한 분석과 탁월한 표현력 덕분에 유럽에서 미국으로 오는 관광객이 크게 늘었다.

그러나 오길비는 말년에 이렇게 말했다.

> "푸에르토리코라는 국가의 이미지를 바꾸는 데 도움이 된 그 캠페인이야말로 내가 가장 자랑스럽게 생각하는 업적이다."

나는 지역발전이라는 것을 생각하고 기획할 때, 오길비의 푸에르토리코 사례를 떠올린다. 어떤 아이디어든 보기엔 그럴싸할 수 있지만, 중요한 것은 실제로 해당 지역에 실질적인 이익을 줘야 한다는 사실을 잊어서는 안 된다. 그리고 그 지역 사람들의 자긍심을 살리는 것도 반드시 염두에 두어야 한다는 사실이다. 소위 내부고객이 외부고객보다 더 중요하다는 것을 인정하고 실천해야 한다. 궁극적으로 주민을 행복하에 만들기 위해서 존재하는 것이 관(官) 아닌가 말이다. 그리고 지역발전이라는 개념을 근시안적으로 보면 안 된다는 것이다. 단지 관광객의 증가 정도로 좁디좁게 보는 시각을 경계해야 한다. 지역의 백년대계까지도 고민해야 한다. 현재 거주하는 주민들의 손자 손녀들 처지에서까지 생각할 수 있어야 한다고 믿는다.

나는 올해 2021년 3월에 〈안익준, 대통령 만들기〉라는 책을 냈다. 2001년에는 〈노무현 대통령 만들기〉를 출간하기도 했다. 마케팅 관련 서적만 내다가 이런 정치적인 내용의 책을 쓴 이유는 마케팅이 정치, 특히 선거와 기가 막히게 맞아 떨어진다는 것을 깊이 깨달았기 때문이다. 그리고 덧붙이자면 세상을 변혁하고 긍정적 발전을 이루는 데 있어 가장 중요하고 효과적인 것은 정치라고 확신하고 있었기 때문이기도 했다.

나는 인류 발전과 국가 및 지역발전에 있어 정치가 가장 중요하다고 생각한다. 그런데 한편으론, 정치가 전부는 아니라는 것도 잘 알고 있다. 하나의 아이디어가 지역을 살릴 수도 있고 나아가 국가 전체를 가난에서 벗어나게 해 줄 수도 있다는 것을 믿는다.

지역발전이란, 경제적 풍요에 지역적 자부심이 동반된 개념이다. 그래야 한다. 그 둘은 자전거나 수레의 두 바퀴와 같아서 하나만으로는 제대로 된 발전을 이루어 나갈 수 없다. 그 두 가지를 충족시켜야 하기에 낙후된 지역이 추세를 역전시키기 힘든 것이다. 획기적인 반전의 계기가 필요한 이유다. 적당히 남들이 하는 것 따라 하는 수준으로는 지방소멸이라는 거대한 흐름을 거스를 수 없다.

지역 마케팅에서 가장 중요한 것은 컨셉이다. 꿩을 잡지 못하면 매가 아니다. 진정한 지역발전이란 무엇인가를 정확히 알고, 지역의 특색과 연결해야 한다. 그 실현 과정에서 지역민들의 자발적 참여와 열정이 일어날 수 있는지, 가치창출을 통한 지역적 자부심이 생길 수 있는지 생각해 본다. 그리고 지역에 경제적 풍요를 가져올 수 있는가도 판단한다. 이런 것들이 이루어진다고 봤을 때 해당 분야에선 세계 최고의 도시, 적어도 국내 제일이 될 수 있는가 생각해 봐야 한다. 나는 이 책을 이런 기준에서 쓰려고 노력했다. 특히, 8개 도시의 발전 전략 컨셉은 세계 최고, 가치창출을 통한 지역적 자부심, 경제적 풍요. 이 세 가지 기준에 따라 만들었다.

그간 여러 가지 분야에서 마케터와 전략가로 활동하면서 쌓은 경험과 역량을 한 분야에 집중해야겠다는 생각을 했다. 내가 가장 하고 싶고, 잘 할 수 있으면서도 세상에 선한 영향을 끼칠 수 있는 일을 하고 싶다.

지금 우리나라 지방 중소도시의 냉혹한 현실은 대충 관광객 좀 많이 찾아오게 한다든지, 기업 몇 개 유치하는 것으로 해결될 수준의 위기가 아니다. 글자 그대로 근본적인 패러다임의 전환이 필요하다. 우리와 이 땅에서 살아갈 후손들의 미래를 위해 뭐라도 해야 한다는 절박감에서 출발한 절체절명의 갈구함이 필요하다. 지금 지방의 모습은 저 유명한 비유 '끓는 냄비 속의 개구리'와 너무 닮았기 때문이다.

이 책이 누군가에게 직접적인 영감을 줘서 어떤 '지역'이 획기적으로 발전하는데 결정적인 기여를 한다면 더할 나위 없는 기쁨일 것 같다.

오길비의 명언으로 머리말을 맺는다.

"번트를 대지 마라. 홈런을 노려라."

목 차

프롤로그

　우리나라는 현재 자주 독립국이고 거의 완전한 민주국가다. 그런데 불과 80년 전 이 땅엔 암울한 미래만 있었다. 주권을 갖고 나서도 민주주의가 완성되기까지는 40년이 넘는 시간이 걸렸다. 시간만 흐른다고 될 일이 아니었다. 저절로 얻어진 것은 아무것도 없었다. 독립운동가들의 엄청난 희생과 노력이 없었더라면 우리나라는 미국이나 러시아 또는 심지어 일본이 되어 있을지도 모른다. 민주주의도 마찬가지다. '민주주의는 피를 먹고 자라는 나무'라는 말이 세계 근현대사에서 진리처럼 펼쳐졌다.

　우리나라의 주권이 위협받는 시대가 다시 오지 않을 거란 장담을 할 수 없다. 혼란기가 왔을 때 그 틈을 타 군사독재정권이 또 들어서지 않을 거란 보장이 없다. 그때 누가 나라와 정의를 위해 용감하게 나서겠는가. 과연 애국심과 정의감만으로 그 엄청난 희생을 하려 하겠는가? 역사와 후손이 인정해줄 것이라는 확신이 없다면, 아니 나의 행동으로 인해 오히려 내 자손이 불이익을 받을 거란 생각이 든다면 과연 나설 사람이 있을까?

　호남은 독립운동과 민주화운동에 있어 타지역에 비해 월등히 큰 공을 세웠다. 3대 독립운동 중 하나인 광주학생독립운동의 발상지이며

5·18은 3대 민주화운동 중 하나다. 동학혁명 발상지였고 구한말 의병 전쟁의 절반이 호남에서 일어났다. 그리고 임진왜란 시절엔 구국의 주축이었다.

이렇게 호남은 독립운동과 민주화운동의 중심에 섰었음에도 민주화 이후에 제대로 된 대접을 받지 못했다. 해방 직후에 독립운동가들을 거의 아무도 알아주지 않은 것과 비슷했다. 독립도 민주화도 모두 어설프게 이루어졌기 때문이다. 미국이나 프랑스처럼 독립운동 세력이나 시민혁명 세력이 승리해서 그대로 정치의 중심에 섰어야 했는데 그러질 못했다. 역사에 두고두고 아쉬움으로 남고 있다.

결국, 독립운동가나 민주화 운동가들에게 국가 차원에서 관심을 갖고 예우를 해주기 시작한 때는 나라의 곳간이 채워지고 친일과 독재의 잔재가 어느 정도 걷히고 나서였다.

그런데, 호남이라는 지역에 대해서는, 이렇게 국가 수호와 민주화에 지대한 이바지를 했기에 경제 발전 등의 혜택을 준다고 공식적으로 표방한 적이 없다. 국가도 국가지만 그런 주장을 한 정치세력조차 없었다. 국가가 위기 상황일 때 후손들이 분연히 들고 일어설 동기를 만들어 줘야 한다는 논리를 당당히 펼친 정치인도 기억에 없다. 인구가더 많은 지역 사람들을 세뇌하기 바빴던 사람들이 정권을 잡고 있었고, 야권에서는 다시 또 그 인구가 더 많은 지역 사람들의 눈치를 보느라 수십 년을 흘려보낸 것이다. 그사이 적반하장으로 오히려 호남을 소외시키는 것을 선거전략으로 삼는 천인공노할 짓을 경상도 독재 정권들은 서슴지 않았다.

그러던 중 1995년 사상 최초로 지방자치제가 도입되었다. 호남의 세(勢)는 약해질 대로 약해진 상태였지만 그래도 아직 '열두 척'이 남아 있는 상황이었다. 스스로 운명을 개척할 수 있는 발판이 만들어진 것이다.

악의적인 소외를 당하고 있던 호남이었고 억울한 마음 한뜻이었기에, 선출된 지자체장을 중심으로 뭔가 '작품'들을 만들어 낼 줄 알았다. 특히 민주정부라 불리는 DJ, 노무현 10년 기간 동안 중앙정부의 지원도 기대해볼 만했었다.

그러나 결과는 대단히 실망스러웠다. 호남만의 문제는 아니긴 하지만 호남의 거의 모든 시·군에서 시장, 군수 또는 그 부인의 구속 사건이 있었다. 지난 27년 동안 여타 지방과 비교하면 그다지 특출한 성과를 낸 지역이 거의 없었다. 지방자치제로 인해 호남에서 탁월한 기획이라든가 열정과 화합으로 더 두각을 나타낸 사례를 찾기 힘들었다. 순천만정원 정도가 인정받을 만했다.

다만, 최근 광주의 AI중심도시 프로젝트는 칭찬해 줄 만하다. 2018년에 17개 시도에 예비 타당성 면제사업 하나씩 신청하라는 정부의 안내가 있었다. 이에 광주를 제외한 모든 시도는 토목 사업을 신청했

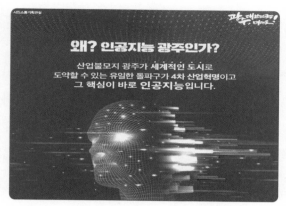

광주광역시,
'AI중심도시 광주' 비전·전략
출처 :
광주광역시 네이버 블로그

다. 오직 광주만 토목 사업이 아닌 미래전략산업 'AI기반 과학기술창업단지 조성 사업'을 신청했다. 2019년 이것이 예타 면제를 통과하면서 미래 광주의 경제 발전에 크게 기여하게 될 것 같고 2021년 현재 순항 중이다. 세계적인 AI 산업의 메카가 될 것으로 기대된다. 지역발전 전략을 SOC 중심에서 벗어나 미래혁신 성장산업으로 방향을 전환하는 계기가 되었다고 평가할 만하다. 지방자치제가 시행되어서 호남이 쾌재를 불렀던 바로 그 이유에 25년 만에 광주가 'AI프로젝트'로 화답했다.

나는 지방자치제의 꽃은 '無에서 有를 창조하는 것'이라고 믿는다.

지방자치제도는, 기업으로 치자면 본사에서 각 지사에 그 규모에 따라 얼마씩 내려보내 줄 테니 마음껏 아이템을 만들어서 추진해 보라고 기회를 준 것에 비유할 수 있다. 도덕적, 법적 문제만 없다면 실패도 용인된다. 나는 전국 243개 '지사'들 중에 의욕과 능력이 겸비되어 높은 성과를 낼 '지역'은 호남에 월등히 많을 거라 예상했다. 그러나 한참 기대에 미치지 못했다.

지방소멸 예상 명단에 호남 지역이 즐비하다. 산업화 과정에서 한 번 소외되기 시작하니 악순환이 거듭된 결과라고 볼 수 있다. 독립운동가들의 자손들이 교육을 제대로 받지 못한 나머지 가난이 대물림되고 있는 것과 비슷하다고 생각한다. 해결책은, 늘 그래왔듯 자력갱생이고 각자도생이다.

호남 8개 지역의 발전 아이디어를 정리했다.

Ⅰ. 대한민국의 '지역'에 대하여

*지방 : 비수도권 총칭, 광역시 등 대도시를 포함할 때도 있다.

*지역 : 지방과 비슷하지만 비교적 작은 개념이다. 구체적인 중소도시를 가리킨다.

대부분 곧 소멸 위기

소멸 지수

젊은 여성 유입 유출이 관건

소멸 지수

소멸 지수라는 것이 있다.

한 지역의 미래 소멸 위험을 수치로 나타낸 것이다. 우리나라 보다 몇 년 빨리 비슷한 상황을 겪어 나가고 있는 일본에서 만들어진 개념이다. 사회학자 마스다 히로야가 2014년에 〈지방소멸〉이라는 제목의 책을 통해 발표했는데 일본 사회에 큰 충격을 줬다고 한다. 우리나라에서도 그 파장이 점점 커지고 있다.

소멸 지수는 20~39세 여성 인구를 65세 이상 인구로 나눈 것으로 0.5~1이면 주의, 0.5 미만이면 소멸 위험 지역으로 구분한다. 특히 0.2 이하 지역은 소멸 고위험지역으로 정의 내린다.

영국의 인구학자 데이비드 콜먼이란 사람은 우리나라를 지도상에서 사라질 첫 번째 나라라고 발표했다. 그것도 겨우 300년밖에 안 걸릴 거란다. 우리에게는 말할 것도 없지만 세계적으로도 놀랄만한 연구결과였는지 우리나라의 인구 감소 현상을 아예 '코리아 신드롬'이라고 명명하기까지 한다.

콜먼의 연구결과가 놀랍고 기분이 오싹하기도 해서 다른 자료들도 찾아보니 대강 비슷한 결과가 나오고 있었다. 우리나라 유수의 연구기관들에서도 한민족의 멸종을 대략 400년 정도 후로 잡고 있었다. 지도상에서 사라진다는 말과 멸종은 다른 의미이기에 100년 정도 더

늦춰진 것 같다.

한편, 2021년 8월 감사원은 통계청 자료를 바탕으로 향후 우리나라 각 지역의 인구 전망 보고서를 내놓았다.

이 보고서에 따르면 우리나라 인구는 2020년 기준 5178만 명인데 2067년엔 3689만 명이 된다고 한다. 47년 만에 1500만 명이 줄어든다는 것이다. 거기까지만도 살벌한데 그 후 50년 뒤인 2117년엔 1510만 명으로 줄어든단다. 2021년 현재 기준으로 96년 후엔 대한민국 인구가 1510만 명이 된다니 믿을 수가 없을 정도의 충격적 예상 수치다.

그런데 이 보고서의 통계를 자세히 들여다보면 더 놀라운 사실이 숨어 있다. 그것은 바로 전국 합계 출산율을 0.98명으로 잡았다는 것이다. 인구가 가장 많은 서울의 2020년 4분기 출산율은 0.58명이고 대도시들 대부분도 0.98을 크게 밑돈다. 이런 사실을 뒷받침해 주듯, 연구에 참여한 연구원은 말한다. 이번 추계는 보수적으로 추정한 것이고 실제 소멸 속도는 크게 앞당겨질 가능성이 있다고 덧붙였다. 합계 출산율 0.98명은 2018년 통계였는데 해마다 이 기록이 깨지고 있는 실정이기에 그렇다. 2019년 0.92명, 2020년 0.84명 이런 식이다. 2021년 2분기엔 0.82명으로 나왔다. 바닥이 안 보인다.

이렇게 국가 차원으로 보자면 지방소멸에 대한 위험보다 출산율 저하로 인한 전체적인 인구 감소가 더 심각한 문제일 것이다. 그러나 지방에선 출산율 저하 문제는 그것대로 중대하고 다른 지역으로 유출되는 주민 문제도 그에 못지않게 무섭다. 수도권을 포함한 국가가 저 정도로 급속도로 망해간다는데 이미 '산소호흡기'로 간신히 연명하고 있는 비수도권 중소도시들은 기적 같은 일이 벌어지지 않는 한 대부분 21세기를 넘기기 힘들 것이다. 감사원 보고서에서도 앞으로 50년도 채 지나기 전에 대도시를 제외하고는 전국 지방 중소도시들은 전멸 수준의 양상을 보일 것으로 내다봤다.

한편, 지방자치단체가 소멸되어 가는 과정도 살펴봐야 하는데, 지자체는 어느 날 갑자기 절벽에서 낙하하듯 순식간에 사라지는 것이 아니다. 아기 울음소리는 사라지고 노인들만 늘어가는 시기를 한참 거친다. 도시는 당연히 활력을 잃고 악순환의 수렁에 빠지게 된다. 여기서 빠져나오기가 보통 어려운 일이 아니다. 인구 소멸지수를 0.5 그리고 0.2 이런 식으로 기준을 마련해 둔 것이 바로 악순환 구조와 관련이 있다. 헤어나오기가 무척 어렵다는 뜻이다. 통계상으로는 기적에 가까운 일이나 일어나야 가능하다고 본다.

젊은 여성 유입 유출이 관건

소멸지수를 역행하는 지자체는 거의 없다고 봐야 한다. 일본도 그렇고 우리나라도 마찬가지다. 그렇게 될 수밖에 없는 이유는 많다. 노인 인구는 갈수록 늘어만 간다. 의학기술의 발달로 평균 수명이 길어지고 있기 때문이다. 그리고 이삼십대 가임여성으로 편입되는 숫자는 줄어들고 있다. 20년 전부터 이미 출생아 수가 감소세로 돌아섰기 때문이다. 2021학년도에 입학 정원을 못 채운 대학이 쏟아져 나온 것도 같은 이유다. 2022년부터는 더 심해질 것이 확실시된다. 그뿐만 아니라, 지방 중소도시로 새로 유입되는 타지방 출신보다 지역에서 대도시권으로 빠져나가는 젊은 여성들이 훨씬 많다. 지역은 갈수록 활력을 잃어 갈 수밖에 없고 그걸 가장 못 참는 사람들이 젊은 여성들이다.

사실 수도권에 사는 젊은 여성들에게 물어보면 농촌이나 지방 중소도시에 가서 살겠다고 답하는 비율은 아주 낮다. 전통적으로 그랬다. 우리나라만의 특성도 아니다. 도시 문명이란 것이 생기고 나서부터 계속 그래왔다. 이렇게 인류 역사까지 들먹이는 데는 그럴만한 이유가 있다. 젊은 여성들을 지방 중소도시에 들어오게 하는 것이 지방소멸을 막는 유일무이한 해결책이다는 사실과 동시에 그것이 얼마나 어려운 일인가를 표현하고 싶어서다.

따라서 책 후반부에서 다룰 8개 도시에 대한 지역발전 전략은 결국 젊은 사람들을 끌어들이는 방안에 대한 것들이다. 방책은 다 다를 수 있지만, 모든 강이 바다에서 만나듯 종착지는 젊은이들을 건강한 방법으로 유입하는 것이다. 지역발전이란 지역이 존속한다는 것을 전제로 하는 개념이고 지역의 가장 중요한 구성 요소는 사람이다.

중앙에 목매고 있는 재정

재정자립도
대한민국에는 지자체 파산제도가 없다
시장 군수는 돈 문제만 깨끗하면 그만

재정자립도

2020년 기준 228개 시·군·구 중에서 48개가 10% 미만이다.

48개 중 8개만 충청과 강원이고 나머지 40개가 호남과 영남이다.
전라도와 경상도가 반반 정도다.

비율로 보면 호남이 좀 더 심각하다.
전남 16개 군 중에서 11개가 해당 된다.
전북엔 9개 군이 있는데 완주군 하나만 10% 이상이다.
시(市) 지역도 열악하기는 마찬가지다.

재정자립도 15% 미만이 2017년엔 40개였다.
그러던 것이 2020년에 이르면 94개가 된다.

그런데 점점 더 열악해져 가고 있는 지방 시·군의 재정자립도와 상반되는 자료가 있다. 바로 지방자치제가 시행된 이후로 단 한 차례라도 예산이 줄어든 지자체는 찾기 어려웠다는 점이다. 다만, 몇몇 지자체는 빚을 갚기 위해 노력했고 채무 제로를 달성하기도 했다.

그렇다면 나머지 부족한 예산은?
전적으로 중앙정부의 교부세와 국고보조금에 의존하고 있다.

지자체의 재정자립도가 추락하는 이유는 크게 세 가지다. 실제로 지역 내에서 돈이 돌지를 않아 지방세 등 거둘 수입이 적은 것. 그리고 수준에 맞지 않는 씀씀이 때문이다. 불필요한 토목 사업 등이 이에 해당한다. 마지막으로 이미 비대해진 지출 구조가 있다. 자생력을 잃고 지원에만 의존하는 사업이 너무 많다. 개점휴업 상태인 기념관 박물관 체험관 미술관 등 불편한 진실을 대부분 지역에서 만날 수 있다.

대한민국에는 지자체 파산제도가 없다

국가가 끝까지 책임진다.

다시 말해서, 어떤 이유에서였든 간에 자식의 곳간이 텅 비어버린 최악의 경우라도 끼니를 걱정하게 놔두진 않는다는 의미다. 부모니까 어쩔 수 없는 거다. 아무리 탕자(蕩子)라도 부모에겐 자식이니 거두는 수밖에 없는 것과 마찬가지다. 이런 법적인 끈끈함 때문에라도 서울과 지방은 따로 생각할 수 없다.

시장 군수는 돈 문제만 깨끗하면 그만

시장과 군수 등 지방자치단체장은 정책을 기획하고 실행함에 돈 문제만 깨끗하게 처리하면 전혀 뒤 책임질 일이 없다. 아무리 예산 낭비가 심해도, 무능의 극치를 달려도 겉으로 드러난 명백한 법적 책임질 일만 없으면 그냥 지역에서 욕만 좀 먹고 만다. 심지어는 그렇게 무능하다면서도 다음 선거에서 별 어려움 없이 당선되는 경우도 다반사다. 지역사회가 인맥으로 촘촘히 연결되어 있고, 누가 해도 그놈이 그놈이라는 패배주의가 만연해 있는 것도 한몫한다. 특히, 호남과 영남에서는 민주당과 보수계열 정당의 공천만 받으면 그걸로 게임 끝인 경우가 대부분인 지경이니 더더욱 악순환이 자리 잡게 된다.

결론적으로 지방자치단체가 지방 정부가 되지 못하고 있다. 自治! 즉 스스로 다스리기만 할 뿐, 정책에 대해 책임지는 모습을 보기 힘들다는 뜻이다.

역사를 두려워하지 않는 시장 군수들 그리고 그 측근이라는 사람들 이런 사람들이 지방을 장악하고 있는 한 지역발전은 요원할 수밖에 없을 것이다.

도심 재생 백약이 무효

전통시장 살리기
원도심과 신도심

전통시장 살리기

　전국의 거의 모든 지자체가 전통시장 살리기 프로젝트에 한두 번 이상 손을 댔다. 자체 예산 규모에 비해 꽤 많은 돈을 쏟아부은 지자체도 심심치 않게 눈에 띄었다. 웬만한 프로젝트엔 국비가 지원되었다. 아마 형평성도 작용했으리라.

　결론부터 말하면, 전통시장 살리기 프로젝트는 거의 전멸했다. 성공했다고 말할 수 있는 지역은 없는 것으로 안다. 설사 있다고 하더라도 좀 더 지켜볼 일이다. 성공사례라면서 언론에서 집중 조명된 사례들도 관심에서 멀어지면 대부분 한산해졌다. 이런 통계가 말해주고 있어서 섣불리 성공사례라고 말해선 곤란하다.

　전통시장 살리기를 주의 깊게 보고 그 결과에 대해서 의미 있게 판단하는 이유가 있다. 그 프로젝트의 발상과 기획 의도, 그리고 진행되는 과정과 결과 등이 균형발전이라는 이름의 지방 살리기 정책과 비슷한 느낌을 주기 때문이다.

　전통시장 살리기 프로젝트에는 현시점에서 대한민국에서 할 수 있는 거의 모든 노력이 다 들어갔다. 일단, 정부와 지자체가 예산을 아낌없이 썼다. 우리나라 대통령 후보들, 국회의원들 시장 군수들이 선거운동을 시작할 때 어디부터 가는지 생각해 보면 왜 그렇게 모두 전통시장의 활성화란 명분 앞에 팔을 걷어붙이는지 알 수 있을 것이다. 그다음으로 지역의 시민단체며 관공서며 공공기관들이 적극적으로 함께 했다. 공문을 돌려가며 반강제적으로 참여를 독려했고 그것을 가지고 강압이네 어쩌네 하는 이들도 없었다. 지역 주민들은 말할 것도 없고 연예인들도 빠지지 않았다. 마케팅 전문가들의 컨설팅도 늘 함께했고, 방송국들도 공익이라고 생각했는지 카메라와 전파를 아끼지 않았다.

이런 거의 무한정의 애정을 받고도 전통시장은 살아나지 못했다. 몇 개의 전통시장들은 여기에 청년몰이란 것을 유행처럼 입점시켜서 청년 창업의 산실로 자리매김 하고 싶어했다. 애석하게도 청년 창업이 가장 빨리 망했다. 청년 일자리 창출이라는 명분이 모든 것을 덮다 보니 '묻지마 지원' 분위기까지 느껴진 지원도 많았다. 그럴수록 결과는 참담했다.

정부는 2002년부터 2014년 사이 전통시장 활성화라는 이름으로 3조 5천억 원을 썼다. 그런데 그 기간에 우리나라 전체 전통시장의 연간 매출은 40조에서 20조 원으로 반 토막 나는 안타깝기 그지없는 결과를 냈다. 그 사이 우리나라 국민의 소비는 많이 늘어났음에도 이 정도였다.

원도심과 신도심

지방에 가면 구도심이란 단어를 못 쓰게 하는 사람들이 있다. 원도

심이란 이름이 그래도 덜 낙후된 느낌이란 판단에서일 거다. 적어도
이 책에서는 존중해 주고 싶다.

원도심과 신도심은 상호 보완 관계가 아니다. 경쟁 관계라고 할 수
있다. 서울 같은 대도시가 아니라면 그 현상은 더욱 뚜렷하다. 인구가
정체되어 있거나 감소하고 있는 도시에서 신도심을 만들어 그리로 인
구와 상권이 이동하는데 그 사람과 돈이 어디에서 나올 것인가. 너무
자명한 일 아니겠는가. 상대적으로 도로도 계획적이어서 시원하고 아
파트 위주라서 깔끔하고 생활 편의시설 잘 갖춰져 있고 일자리도 더
많은 신도심을 어찌 원도심이 감당할 수 있겠는가.

원도심과 신도심의 관계는 지방과 서울의 관계라고 할 수 있다.
1990년대까지만 해도 서울이 고향인 사람의 숫자는 그다지 많지 않
았다. 시골에서 경제적 이유로 상경한 사람들이 큰 비중을 차지했다.
그 사실이 지금 균형발전을 해야 한다는 주장에 대해 중앙정부나 서
울 시민들이 대놓고 반대를 하지 않는 현상과 맥을 같이 한다고 볼 수
있다. 마찬가지다 각 지방 도시마다 신도심에는 원도심에 부모가 살
아 계시거나, 그곳에서 자신들이 어린 시절을 보낸 추억이 있는 사람
들이 많이 산다.

상황이 이렇다 보니 서울에서 국가 균형발전이란 말을 낙후된 고향
을 도와주자는 말과 엇비슷하게 생각하는 사람들이 많을 수밖에 없
고, 그것은 원도심 신도심의 관계에서도 유사하게 적용되는 것 같다.

심리적인 이유가 있는 것이다.

그런데 서울과 지방의 관계보다 원도심과 신도심은 거리상으로나 행정적으로나 거의 붙어 있다 보니 더 감성적으로 접근할 수밖에 없을 것 같다. 그래서 도시가 정책을 세우는 데 있어 전통시장을 비롯한 원도심을 활성화하는 예산을 과다하게 편성하지 않는가 짐작해 본다.

한편, 지방 중소도시의 원도심치고 땅값 떨어지지 않은 곳이 없다. 그렇긴 한데 그 속도가 생각보다 더디다. 알고 보니 그 이유가 있었다. 지방 중소도시의 원도심에는 빈집도 많고 밤이 되면 차도 별로 없어서 주차공간도 휑하다. 그런데도 토지 가격이 안 내려가는 것은 토지주들이 관공서의 원도심 활성화 정책에 대한 믿음이 있어서였다. 이대로 두진 않는다는 확신. 실패만 거듭해도 계속 활성화하겠다고 끊임없이 예산을 세우고 있지 않은가 말이다. 당장 전직 시장도 현직 시장도 원도심 출신이니 원도심을 몰락시킨다면 그 사람은 인간도 아니라고 생각한다. 이것이 지방 도시 장년 이상 층의 정서였다. 그중에서도 토지주들은 그 믿음이 더 굳건하다.

땅값이 떨어져야 개발하기 더 쉽다는 것은 상식이다. 그런데 기대감이 있으니 내려가질 않는다. 그러다 보니 마음껏 재개발하기가 쉽지 않다. 그 와중에도 찔끔찔끔 부분부분 예산 투입은 되고 있으니 도시 전면 재구성은 꼬여간다.

원도심은 전주 한옥마을 같은 특출한 성공 마케팅을 만나지 못한다면 자력만으론 쉽게 살아나기 힘들다. 따라서 합리에 입각한 냉철한 정책 판단을 해야 한다. 그러기 위해선 정책 입안자는 원도심만을 따로 떨어뜨려 놓고 살리냐 죽이느냐의 이분법적 관점으로만 보지 말고, 특성을 가지긴 했지만 하나의 지역에 불과하다는 기본자세를 가질 필요가 있다. 참고로 전주 한옥마을은 분명 성공한 관광상품이다. 그러나 전주가 원도심 활성화에 성공했다는 뜻은 전혀 아니다. 한옥마을이라는 한정된 지역의 관광상품을 성공시켰다는 의미이고, 전주의 나머지 원도심은 여느 중소도시와 다른 바 없다.

지금 정책 입안자들이나 특히 지자체장들은 대부분 60년대 70년대에 초등학교를 다녔다. 웬만하면 시골 분위기에서 자랐다. 그들에게 농촌 쌀 고향 시골 국민학교 이런 단어들은 값어치 이상의 의미를 가진다. 그러다보니 부모님과 자신의 어린 시절을 관통하고 있는 원도심과 전통시장 등에 미련을 버리지 못하고 있다. 과도하게 집착하는 인상을 준다. 획기적인 아이디어를 도입해서 근본적으로 시대의 흐름에 맞춰야 하는 데, 전통을 살리는 것도 아니고 현대화도 아닌 어정쩡한 밑 빠진 독에 물 붓기식의 예산 낭비만 하고 있다. 2021년 현재 수도권 포함 전국 대부분 지자체에서 벌어지고 있는 현상이다.

그들만의 리그

허황한 계획인구
굳건한 토호세력
대부분 지역에서 시장 군수 구속
지방의회 의원

허황한 계획인구

우리나라의 대표적 종교인 개신교 불교 천주교 원불교 등의 신자 수를 다 합치니 1억 명이란 뉴스를 본 적이 있다. 무교(無敎)가 가장 많다는 것을 고려하면 우리나라 국민이 적어도 2억 명은 되어야 맞는 통계다.

대부분의 지자체는 미래 인구 예측을 함에 있어 계획인구 수를 부풀리는 경향이 강하다.

2010년에 있었던 국정감사에서 이런 문제점을 지적한 국회의원이 있었다. 공개된 자료를 보면, 당시의 전국 지자체의 계획인구를 다 합치니 10년 후인 2020년이 되면 우리나라 인구는 6,500만 명이 되어야 했었다. 2021년 현재 대한민국의 인구는 5,200만 명이다.

이런 허황한 계획인구가 왜 문제가 되냐면, 예산 낭비의 근거를 스스로 합법적으로 합리화시키는 셈이기 때문이다. 100% 모두 사기는 아니고, 어느 지자체의 어떤 시기엔 맞아떨어질 때도 있으니, 그 가뭄에 콩 나듯 하는 극히 드문 케이스에 기대어 한 껀 해먹기 위해서 계획인구를 높게 잡는다. 다시 말하지만, 계획인구를 많이 잡아야 토목사업 등 지자체의 개발사업이 늘어난다. '관계된 이들'의 '해먹을 꺼리'가 늘어나는 셈이다. 거기서 문제가 끝나지 않는다. 세금이 헛되이 쓰이는 결과로 이어지는 결정적 이유는 따로 있기 때문이다. 인구가 안 느는 정도가 아니라 오히려 인구가 감소하고 있다는 것이다. 특별한 변화가 기대되는 무언가 획기적인 일을 추진하는 것도 아니면서 그냥 막연히 인구가 늘 것으로 상정해 놓는 것은 원도심 개발이나 신도심 개발을 무모하게 추진할 가능성을 크게 높인다.

굳건한 토호세력

균형발전이라는 명분 뒤에 숨은 세력이 있다. 이들은 지방분권과 균형발전이라는 명분을 겉으로 내세우면서 지자체가 개발사업 등 더 많은 이권 사업을 하게끔 한다. 그뿐만 아니라 지자체의 거의 모든 돈 되는 사업에 깊숙이 개입되어 있다.

어떤 사업을 제대로 잘하면서 지원을 해달라는 것이 아니다. 애초에 정상적인 사업을 하는 것이 아니라 지원받는 것이 사업의 본류다. 사실 이런 현상은 비단 지방 토호세력들에서만 발견되는 것은 아니다. 중앙 정치권에서도 비슷한 사례들이 많이 발견된다. 태양광 사업 한다면서 정부 보조금만 타고 곧바로 폐업한 업체들이 상당수라는 뉴스가 대표적이다.

당연히 이들은 지자체장과 결탁되어 있다. 자신들 비즈니스의 흥망은 누가 지자체장이 되느냐에 절대적으로 영향을 받는다. 그러니 사활을 걸고 선거에 개입한다.

대부분 지역에서 시장 군수 구속

지방자치제의 참으로 불편한 진실이 여기에 있다. 우리나라 대부분의 시도에서 너나 할 것 없이 일어난 현상이다. 지자체장이 한 번 이상 비리 등의 혐의로 구속된 지역이 대부분이다. 지자체장뿐 아니라 그의 부인과 측근까지 범위를 넓히면 전국 지자체 243개 중에서 예외는 손가락에 꼽을 수 있을 정도다. 심지어 어떤 군은 연속 네 명의 군수가 구속된 예도 있었다. 그런데 그게 특이한 사례가 아니라 몇 개 군에서 일어난 일이다. 지자체장 두 명 연속 구속은 부지기수다.

현직에 있을 때 저지른 비리로 구속된 지자체장은 지방과 수도권을 가리지 않는다. 이 부분에 있어서만큼은 대동단결이다. 용인시장은 민선1기부터 6기까지 6명 전원 재직 시 비리로 사법처리되었다. 5명이 구속되었고 1명은 집행유예 실형이었다. 현직인 7기 시장도 업무상 비리는 아니지만, 시작부터 선거법 위반으로 벌금 90만 원을 받고 간신히 시장직을 유지했다.

한 나라의 민주주의 수준은 그 나라 국민 수준과 완벽하게 일치한다는 말이 있다. 그 말을 지방선거에 대입해 보자면, 왜 상당한 자치 권한과 막대한 정부 지원을 받고도 지리멸렬한 지자체가 많은가 설명할 수 있지 않을까? 뇌물죄로 시장·군수가 현직인 상태에서 구속되고, 실형으로 몇 년을 복역하고 나왔음에도, 다시 몇 년 후 선거에 나와 당선된 사례가 꽤 된다는 사실이 방증이다.

매관매직이 만연된 시·군이 많은 것으로 안다. 이조차도 불편한 진실이면서 공공연한 비밀이다. 중앙뿐 아니라 지방에도 능력 있고 의욕적인 공무원들이 암암리에 상당히 많다. 그런데 그들이 능력 발휘를 못 하고 좌절하는 가장 큰 이유가 바로 불공정한 인사 관행 때문이다. 아무리 노력해 봐야 지자체장은 뇌물 가져다주는 사람 또는 선거에 도움이 되는 사람만 챙긴다는 믿음 때문이다. 이렇게 생각하는 공무원들이 많을수록 그 지자체가 잘 될 가능성은 급격히 줄어들 수밖에 없다.

지방의회 의원

지방분권을 외치는 사람들이 많다. 처음 풀뿌리 민주주의라면서 지방자치제를 도입하자고 주장했던 사람 중에는 순수한 의도를 가진 이들이 많았다. 그런데 지금 지방의회의 실태는 어떤가? 왜 지방의원을 하려고 하는지 뻔하거나 의심스러운 사람들의 비율이 상상을 초월한다.

지방의회 의원들이 활동해야 할 영역이 있다. 국회의원이 입법에 좀 더 무게를 두는 의정활동을 펼쳐야 한다고 봤을 때 세세한 동네일까지 신경 쓰지 못하는 것은 자연스럽다. 맞물려서 지자체장의 독주를 견제하는 것도 지방의회 의원의 고유 영역이고 꼭 필요한 부분이다. 그런데 그것이 교과서에나 나오는 이상적인 그림이 되어버린 지자체가 많다. 지방의원들의 가장 중요한 책무인 '견제'가 약하다. 공무원

윽박질러서 자기 지역구에 지원사업 따내기, 자기 땅 앞으로 길내기 등등 자신들이 행정부에 약점과 아쉬운 것이 많으니 제대로 된 견제가 될 리 없다.

깨어 있고 상대적으로 순수한 지방의원들도 많다. 그런데 '좋은 게 좋은 거지'라는 소위 지역사회의 인간관계 분위기 속에서 갈수록 초심을 잃어가는 자신의 모습에 괴로워하는 일도 있다. 행정부에 협력할 것은 협력하되 견제할 것은 확실히 지적하는 지방의원들의 역할이 갈수록 중요할 것이다. 지방분권 강화 분위기가 국회 내에서 팽배해지고 있는 것을 생각하면 지방정부의 권한이 지금보다 훨씬 강해질 것이기 때문이다.

어딜 가나 비슷한 외모와 내면

지방 축제의 99%는 적자

지방 도시 대부분 비슷한 분위기

문화까지 비슷

한때 우리나라의 모든 관광지 앞 기념품 가게의 물건들이 다 똑같 았던 적이 있었다. 그런 상황에 문제의식을 느낀 사람들이 많이 있었 지만, 실질적으로 개선되는 데는 몇십 년이 걸렸다. 심지어 지금도 관 광지 기념품 판매장에서 파는 물건중에 해당 관광지만의 특성을 살린 상품 비율이 1/3을 넘지 못하는 곳도 아주 많다.

세상 사람들이 아이디어가 많을 것 같고 독특한 것들을 생산하고 소 비하고 있는 것 같지만, 실상을 들여다보면 남들이 하는 것을 별생각 없이 따라 하는 분야가 의외로 매우 많다는 사실에 놀라곤 한다.

지방 축제의 99%는 적자

전국 지방자치단체의 행사 및 축제는 약 15,000개다. 이틀 이상의 문화관광축제만도 900개[1] 가까이 된다. 모두 다른 이름을 가졌지만, 대동소이하다는 평가가 어색하지 않다.

또한, 축제의 꽃이라 불렸을 만큼 인기가 있다고 여겨졌던 **아가씨 선발대회도 있다. 2002년 시민단체 '함께하는 시민행동'이 조사한 바 에 따르면 세금 지원해서 자체 축제에서 '아가씨'를 선발하는 지자체 가 100여 곳, 그보다는 좀 작은 단체나 협회에서 개최하는 아가씨선 발대회가 100개 정도라고 한다. 지금은 그 기세가 많이 수그러들었는

---

1) 2014년 행정안전부 통계

데 그 이유는 무분별한 '아가씨' 뽑기 대회라는 지적도 있었지만, 성
(性) 상품화라는 사회적 논란도 크게 작용한 듯하다.

왜 이렇게도 '아가씨'들만 죽어라도 뽑아대냐는 물음에 문화 분야
어떤 연구원의 정곡을 찌르는 분석이 기억난다.

> "첫째, 기본적으로 아이디어가 없어요. 아이디어가 없으니 무난하
> 게 남들도 다 하는 거 그냥 하는 거죠. 영혼 없는 공무원들의 특징
> 입니다. 어디서 했는데 문제없었다더라. 그러면 하는 거죠. 둘째,
> 이런 축제 기획하는 사람과 결재하는 사람이 모두 남자들이에요.
> 그것도 중년의 남자들인 거죠. 이 사람들이 미스터코리아 뽑는 걸
> 기획했다는 말을 들어본 적이 없어요."

함평 나비축제와 화천 산천어축제를 제외하고는 우리나라에서 벌어
지고 있는 거의 모든 축제가 적자다.

지방 축제의 본보기로까지 불리는 함평의 나비축제는 그나마 우리
나라 축제 중에서 가장 성공했다는 평가를 받을 만하다. 그 이유로는
축제가 축제로만 끝난 게 아니고 지역 이미지 제고에 큰 영향을 미쳐
서 함평이라는 고장을 알린 데 결정적 역할을 했기에 그렇다. 그것도
그냥 알린 것이 아니라 나비라는 이미지 덕분에 친환경 고장이라는
인식을 심어주었고 이는 '함평 나비' 브랜드를 달고 나가는 함평 농산
물 가격을 약 10% 정도 높게 책정할 수 있는 암묵적 인정까지 받게

되었다.

그러나 이렇게 지방 축제의 정석과 모델이라는 평가까지 받는 나비 축제를 성공시킨 함평이 정작 크게 발전하게 되었느냐면 그건 또 별개의 문제다. 1999년 축제를 시작했을 때 4만 9천여 명이었던 함평군의 인구는 2021년 현재 3만 2천 명으로 무려 35% 줄었다. 축제 하나 잘 하면 지역이 획기적으로 발전할 수 있다고 믿는다는 것이 얼마나 허망한 기대인가를 보여주는 수치인 것 같아 몹시 씁쓸하다. 그러나 바로 이것이 불편하지만, 대한민국 지방의 현주소다.

그래도 여전히 정부와 지자체의 세금으로 며칠씩 진행되는 축제가 900개 가까이 된다. 남들이 다 하는 거 우리도 해야 하지 않겠는가? 안 하면 안 한다고 지역에서 욕먹으니 한두 개 적당히 하고 생색이나 내자는 분위기가 만연한 지자체가 상당수라는 판단이다. 한마디로 아무 생각도 영혼도 없는 축제가 전국을 일 년 내내 수놓고 있다.

진정한 축제는 지역 주민들의 참여가 바탕이 되어야 한다. 관의 절대적 주도로 이루어진 축제는 공동체 의식을 함양시키고 소속감을 높이는데 그다지 도움이 되지 못한다. 민관이 같이 주관하고 주민들이 적극적으로 참여함으로써 지역과 축제에 대한 자긍심이 저절로 높아지는 선순환 구조를 만들어야 한다. 자긍심이 높아진 주민들은 공동체 의식이 더 강해질 것이고 공동체 의식이 강해진 주민들은 지역을 쉽게 떠나지 않기 때문에 선순환이 일어난다고 보는 것이다. 그나마

나비축제와 산천어축제가 일정 정도 성과를 내고 있었던 것은 지역 주민들의 적극적 참여 덕분이다. 화천의 산천어축제는 인구의 1/10 이 자원봉사자다.

지원은 하되 간섭은 하지 않는다는 문화 분야에 대한 김대중 정부 정책의 기조가 오늘날 축제에도 적용되어야 한다고 믿는다. 지자체들 도 축제에 대한 인식을 재정비할 필요가 있는 것이다.

지방 도시 대부분 비슷한 분위기

성냥갑 아파트 논란이 시작된 지는 오래됐다. 어딜 가나 똑같은 아 파트의 모습, 심지어는 내부 디자인마저 비슷비슷했다. 모든 도시에 서 가장 큰 비중을 차지하는 건물은 아파트인데 그 아파트가 다 똑같 이 생겼다면 도시마다 외양 면에서 특색을 갖기는 몹시 어려워질 수 밖에 없다.

아파트만 같은 것이 아니다. 웬만한 도시마다 있는 도심하천의 주변 모습이라든가 신시가지 상업지대의 분위기 등 유흥가 주택가 학교 가 릴 것 없이 도시마다 거의 같은 모습을 보인다.

지역마다 다른 전통과 문화가 있으니 단순히 인구수만을 놓고 지방 을 평가해서는 안 된다고 한다. 그런데 전통문화가 다 다르다고 하면서 정작 외양은 대부분 똑같다. 외양이 같은데 내면이 뭐 그리 다를까 하는 생각이 무리는 아닐 것이다.

아주 최근 들어서야 서울을 중심으로 스마트시티네 뭐네 해서 효율보다 미관을 살리는 쪽으로 도시디자인을 하겠다는 소식이 들린다. 관공서가 발주하는 건물들조차 직사각형의 무미건조한데 민간이 짓는 건축물에 강제하는 것이 어불성설이었다. 그러나 늦은 감이 강하긴 하지만 지금이라도 급격히 전국 지자체에 퍼져나가는 정책이 되었으면 한다.

이를 위해선 공무원들의 인식전환이 필수다. '나는 도시설계자'라는 사명감과 자긍심을 갖고 정책을 펼쳐야 한다. 단순한 미관만의 문제가 아니라 도시경쟁력 강화에 큰 역할을 할 것이며 나아가 제대로 펼쳐졌을 때 지역민들의 자부심으로 연결될 수도 있는 사안이기 때문이다.

지역의 정서와 스토리가 흐르는 건축물들이 도시를 하나하나 메워갈 때 공동체 의식도 더 단단해지고 도시경쟁력도 강해질 것으로 믿는다.

문화까지 비슷

단일민족이라지만 우리나라는 전국 방방곡곡 어딜 가나 너무나 비슷하다. 기껏해야 호남과 영남에 가면 정치적 성향이 다르다는 것뿐.

문화 쪽으로 눈을 돌리면 전국이 모두 똑같다고 봐도 과언이 아니다.

전국을 여행 다니다 보면 누구나 느낄 수 있다. 심지어 해안가나 내륙이나 그조차도 비슷하다. 그나마 좀 다른 것이 음식인데 그마저도 냉장·냉동차, 냉동창고가 흔해지다 보니 수산물도 내륙 깊은 곳에서 해안가나 진배없이 즐길 수 있을 정도다. 심지어 제주도도 그 특색을 잃은 지 꽤 됐다. 기후 영향으로 이국적인 나무들이 줄지어 서 있는 것을 제외하고는 대부분 육지에 동화되었다.

옛날에는 기본적으로 주택이 달랐다. 그 지역에서 쉽게 구할 수 있는 재료로 집을 짓는 경우가 많아서 죄다 초가집인 것 같지만 그 안에서도 상당히 다른 집들이 많았다. 그러나 앞서 말한 것처럼 지금은 모두 '성냥갑'이다.

언어도 문화도 달랐던 때는 당연히 지역만의 특성이 있었다. 자연환경과 어우러지면서 만들어진 지역만의 개성이 조선 팔도마다 다 다르게 자리 잡고 있었다.

옛날로 돌아가서 그때의 특성을 그대로 복원시킬 필요는 없다. 하지만 어딜 가나 천편일률적인 유·무형의 문화는 다시 생각해 봐야 한다. 이런 것을 세밀하게 연구하고 실천하라고 지방자치제를 시행한 것 아닐까?

교육과 의료 심각

'지방' 대학교

맹모삼천지교

의료에 대한 두려움

'지방'대학교

　박정희 전 대통령은 자신이 영구집권할 것으로 믿었을 것이다. 부작용이 훨씬 많았지만, 장점이 전혀 없었던 것도 아니었다. 박정희는 국가의 백년대계를 생각했던 것 같다. 5년 단임제 대통령은 생각하기 힘든 것들이 꽤 된다. 그 중 대표적인 것이 서울 유명 대학들의 지방 이전 계획과 천도 계획이다.

　박정희의 계획은 박정희 말년과 전두환 집권기에 '지방캠퍼스'라는 명칭으로 실행되었다. 한양대학교 안산캠퍼스, 고려대학교 조치원캠퍼스, 연세대학교 원주캠퍼스, 동국대학교 경주캠퍼스, 중앙대학교 안성캠퍼스, 한국외대 용인캠퍼스, 건국대 충주캠퍼스, 단국대 천안캠퍼스 등이 이때 만들어졌다.

　이들 '지방 대학'들은 현재 대부분 각 지역에서 아주 큰 역할을 수행하고 있다. 젊은 대학생들이 수천 명에서 많게는 1만 명이 넘게 재학 중이며 교수 교직원까지 합하면 지역 경제에서 차지하는 비중이 상당하다. 그뿐만 아니라 젊은 학생들이 상주하기에 도시 분위기도 젊고 이들을 쉽게 고용할 수 있기에 각종 산업도 일어났다. 산학연 협력체계가 형성되기 쉬운 환경이 되었음은 물론이다.

　그런데 이런 정책조차도 수도권에서 가까운 지역 위주로 이루어졌다. 동국대학교 경주캠퍼스는 육영수 여사의 토지 희사로 불교의 성지 경주에 조계종 재단이 세웠다. 이를 제외하고는 호남과 영남엔 한 개의 대학도 내려오지 않았다.

'벚꽃 피는 순서대로 망하는 지방 대학'이란 신문 기사가 10년쯤 전부터 나더니 이젠 상식처럼 되어버렸다. 지방 명문대로 꼽히는 전남대, 경북대, 부산대가 사실상 미달이거나 거의 미달인 최초의 입시가 2021학년도였다. 이 여파로 대구대, 상지대 총장이 사퇴했으며 여러 유력 대학에서 총장 사퇴 요구가 빗발쳤다. 문제는 2021년은 서막에 불과하다는 점이다. 초중고 학생 수의 추이를 보면 대학 정원 미달 현상은 더욱 심화될 것이 확실하다. 그리고 그 충격은 벚꽃 피는 순서대로 더 강하게 받을 것이란 사실도 분명해 보인다. 이러다가 수도권 이남에서 살아남는 대학은 카이스트, 포항공대, 한국에너지공대 셋뿐일 수도 있을 거란 우스갯소리가 농담처럼 들리지 않게 될 것 같다.

맹모삼천지교

2,500년 전이나 지금이나 '맹모삼천지교'의 위력은 대단하다. 이사 오고 가는 이유 중 대표적인 것이 교육 문제다. 가장 큰 이유는 아닐지라도 많은 가정에서 교육 문제는 이사를 고려할 정도로 중요한 이슈다.

지방의 군 단위 지역에 이사 가는데 가장 걱정되는 것 또는 장해가 되는 것이 있다면 무엇이겠냐는 질문에 어린 자녀가 있는 여성 대부분은 자녀 교육을 빼놓지 않는다. 물론 오히려 시골만의 특성이 교육에 더 좋은 영향을 준다고 믿고 일부러 찾아가는 사람도 있긴 하다. 그러나 일반적으론 상대적으로 크게 부족한 교육 인프라가 '시골'행을 막는 장해물이 되고 있다.

이것도 결국 사람이 없으니 생기는 일이다. 시골에 다양한 학원이 생기지 않는 이유도 단순하다. 있어도 실력 있는 사람이 없으니 있으나 마나라는 원성도 들린다. 심지어 전남의 어떤 군에는 피씨방, 독서실 하나가 없다.

지방의 교육환경이, 특히 중소도시 및 군 단위 교육환경의 열악함에 대해 논하면서도 우려스러운 것이 있다. 이렇게 상황이 어렵다고 해서 시골 지역에 도시와 비슷한 수준의 교육 자원을 투입해달라는 것은 무리가 있다는 점이다. 지금도 초등학생 한 명당 투입되는 비용이 서울 강남에 있는 학교보다 강원이나 전남 경북 시골 학교가 네 배나 된다. 국가 전체적으로 생각해 볼 일이다. 모이게 하고 질 높은 교육을 하는 것만이 대안일 것 같은데 교원 수가 줄어야 하는 문제가 있긴 하다. 본말이 전도되지 않도록 교육청의 과감한 결단이 필요한 대목이다.

의료에 대한 두려움

"서울대병원은 그 자체가 장례식장이야." 20년 전쯤 의사 친구가 한 말이다. 무슨 말인고 하니, 지방에서 암에 걸려서 돌아가시게 생긴 부모님을 최후로 모시고 가는 데가 서울대병원이란 거다. 거기서 돌아가셔야 자식 된 도리로 할 만큼 다했다는 소릴 듣기 때문이란다. 부모도 그렇게 생각하고 동네 사람들도 마찬가지란다. 그래서 한 가닥 희망을 품고 상경하는 사람들도 많지만, 가도 뾰족한 수가 없다는 것을 아는 사람들조차도 서울대병원이나 세브란스에 굳이 가서 입원하려 한다는 것이다. 듣고 보니 그도 그럴법했다.

국민건강보험공단이 발표한 2019년 전국 시군구별 의료이용 현황을 보면 서울의 경우 의료기관의 전체 진료비 총 23조3020억 원 중 타 지역 유입 진료비가 8조531억 원(36.6%)으로 1위를 차지했다. 서울 병원 수입 중 36.6%는 서울 이외 지역 사람들에게서 나왔다는 의미다. 이는 대구와 대전의 전체 진료비 합과 맞먹는다. 2012년 같은 조사 통계에서는 34%였던 것을 고려하면 의료의 서울 집중이 더 심화 되고 있다는 것을 알 수 있다.

소위 지방 사람들에게 의료에 대한 상대적 박탈감은 상당히 크고 또 심각한 문제다. 의료에 관한 얘기가 나오면 어느 병원에 갔는데 '돌팔이'가 과잉진료를 해서 멀쩡한 사람을 어쨌다는 둥, 그 병원에 가서 수술하면 바보라는 둥 어디서 들은 얘기를 실감 나게 한다. 사실도 있겠지만 피해의식의 발로에서 그럴 수도 있겠다는 생각도 들었다. 그런데 지방 병원들의 의사 나이나 수준들을 봤을 때 없는 말을 한 것도 아니라는 판단이 들었다. 워낙 의사들이 지방 중소도시에 내려오길 꺼리니 다시 '무의촌'이란 말이 생겨났다. 옛날 70년대 80년대에 의사가 없는 시골을 가리켜 불렀던 무의촌이란 단어가 부활한 것이다. 실제로 군 단위에 가면 그나마 치과는 있는데 수술을 할 수 있는 병원은 아예 없다시피 한 곳이 늘어가고 있다. 의사들의 평균 연령이 서울과 비교하면 월등히 높은 것도 특징이다. 또한, 객관적 수준은 떨어지는데도 지방 중소도시의 의사 임금이 서울보다 30~50% 정도 높다는 것도 기정사실이다.

　교육은 미래에 대한 투자 기회를 놓치는 것이지만 의료는 두려움이다. 지방에 가서 사는 것에 대한 가장 큰 걸림돌은 낙후된 의료환경이라고 생각하는 사람들이 많다. 〈내 고향은 전라도 내 영혼은 한국인〉의 저자이자 세브란스병원 국제진료센터 소장인 인요한 박사는 1984년 순천에서 교통사고 당한 아버지를 광주에 택시로 모시고 갔다. 큰 병원을 찾아 광주까지 가야 한 것도 문제였고 엠블런스가 없었던 것도 사무쳤다. 택시 속에서 돌아가셨기 때문이었다. 재심 전문 변호사로 유명한 박준영 변호사의 고향은 완도군 노화도라는 섬이라고 한다. 공사장에서 다친 아버지는 육지였다면 살 수 있었는데 완도읍으로 가는 배 위에서 돌아가셨다고 한다.

　의료분야가 획기적으로 개선되는 것이 지방발전의 전제가 된다는 것을 알아야 한다. 정책을 만들고 법을 제정하는 사람들이 대부분 서울에 살고 있으니 그게 쉽지 않을 것이다. 유관 이해관계단체들의 저항과 압력을 이겨내고 국민과 국가와 미래만을 위한 정책과 법을 만들어야 한다. 국민 건강보다 자신들의 밥그릇만을 생각하는 단체에 질질 끌려다니면서 그들에게 온갖 이익을 다 보장해주는 식으로 상대적 박탈감 들게 하는 식이면 안 된다.

의료분야 개혁이 지방 생존의 첫 번째 열쇠라는 생각으로 접근해야 한다. 이 눈치 저 눈치 보지 말고 과감한 개혁과 입법으로 국민과 국가의 미래만 생각하고 강한 추진력을 발휘해 주시기 기원한다.

양질의 일자리 부족

악순환 서로 네 탓
통계의 허상
고용없는 성장

악순환 서로 네 탓

인구가 전국적으로 줄고 있다. 지역의 인구가 감소하는 원인은 두 가지다. 전국적 현상이기도 한, 출산율 저하로 인한 자연감소와 기존 인구 지역 밖으로 유출이 유입보다 많은 것.

기존 인구의 지역 밖으로 유출 이유 중 가장 크게 지목받는 것은 일 자리다. 특히 청년층의 이탈이유 중 대부분은 일자리와 학업이다.

한편, 기업을 경영하는 사람들의 생각은 약간 다르다. 수도권에 사람이 많으니 거기에서 무슨 사업이든 해야 한다면서 사람이 많은 데서 사업을 하는 것은 당연한 일 아니냐고 반문한다. 그리고 지방에서는 인재를 구하기가 힘들어서 더더욱 갈 수 없다고 말한다. 실제로 삼성전자 반도체 사업부나 SK하이닉스 반도체 같은 경우만 보더라도 신규공장 건립하는데 비용이 아무리 많이 들어도 수도권을 벗어나질 않는다. 지방으로 내려가면 몇조 원을 아낄 수 있는데도 안 간다. 이유는 석·박사급 연구원들이 지방에 내려가려 하지 않는다는 것이다. 인재들을 구할 수 없는데 어떻게 지방에 가느냐고 항변한다.

군 단위 지역으로 가면 더 심각한 상황이 펼쳐진다. 일 할 만한 사람들이 없는 것이다. 평균 연령이 월등히 높아졌다. 젊은 사람을 갈수록 보기 힘들다. 그러다 보니 군의회에서 조례로 '청년'의 정의를 만 49세까지로 정한 군이 갈수록 늘고 있다. 만50세가 되기 하루 전까지는 '청년'이다. 그냥 마음이 그렇다는 것이 아니고 법적으로, 그러니까 조례상으로 49세면 청년이므로 자치단체에서 제공하는 청년에 대한 우대 혜택을 다 누릴 수 있다.

통계의 허상

한편, 2019년 전남도는 '2019년 전국 지방자치단체 일자리대상'에서 '대상'을 수상하며 타 시도의 부러움을 샀다. 2019년 고용률은 63.4%로 제주 제외 전국 1위, 실업률은 2.6%로 전국 최저였다. 그러나 속살을 들여다보면 빛 좋은 개살구요, 수치 놀음일 뿐이라는 지적이 설득력을 얻는다. 전남의 1인당 소득은 전국 꼴찌라는 더 본질적인 통계 때문이다.

앞서 허황된 계획인구를 상정해 놓고 각종 개발사업 등을 부풀려서 추진하기 위한 도구로 사용한 실태에 대해 언급한 바 있다. 마치 그것처럼, 투자 유치 실적과 고용 창출 예상 인원 등을 과도하게 포장해서 발표하는 것을 수없이 보고 있다.

양질의 일자리가 아닌, 공공기관 주도 일당 5만 원짜리 '풀베기 직장'은 눈 가리고 아웅에 지나지 않는다고 해도 과언이 아니다. 그런 식으로 이런저런 정권 입맛에 맞는 수치만 올려놓아 봐야 결국 국민을 타성에만 젖게 만들 수 있다.

양질의 일자리에 대한 정의가 무엇인가에 대한 근본적인 질문을 할
수도 있다. 대기업이 제공하는 일자리가 양질이라는 주장이 틀렸다고
는 할 수 없다. 그러나 그것만을 목매고 바라만 보기엔 산업구조가 변
하고 있다.

고용 없는 성장

제조업 굴뚝 산업이 전반적으로 쇠퇴하고 있음을 직시해야 한다. 그
리고 고용 없는 성장이 대세다. 일례로 포스코케미칼이라는 대기업
계열사는 축구장 20개 면적의 공장을 운영하고 있는데 생산직 사무
직 모두 합해서 직원이 80명밖에 되지 않는다. 이 회사는 이런 시스
템을 만들어 놓은 것이 대단한 자랑거리다. 외부에 적극적으로 홍보
하는, 제조업의 미래형 모델이라고 여기고 있는 것이다. 그뿐만 아니
다. 고추장으로 유명한 순창에서 1989년부터 25년에 걸쳐서 일어난
일도 주목할 만하다. 1989년 대기업인 ㈜대상은 '임금님표 순창고추
장'이란 브랜드의 고추장을 세상에 내놓았다. 공장은 당연히 순창에
만들었고 직원 140명을 고용했다. 당시 매출은 20억 원 수준이었다.
그러던 회사는 순창 공장에서 2014년 2000억 원의 매출을 올린다.
그런데 매출이 10배 뛰는 동안 회사의 고용은 고작 10명 늘어났을 뿐
이었다. 지역에서는 기대가 컸던 만큼 실망도 컸고, 지역 내 최대 기
업이 이 정도니 일자리를 통한 지역발전은 환상이란 깨달음을 갖게
되었다.

앞으로는 이런 식으로 대기업이 지역에 들어오더라도 양질의 일자리가 획기적으로 늘어난다는 보장은 없다. 지역에서 오매불망 유치하길 기대하는 대기업들에만 기댈 것이 아니고, 지역의 특성을 살려서 무에서 유를 창조한다는 자세로 양질의 일자리를 적극적으로 창출하는 수밖에 없는 이유가 여기에 있다.

지역이 쇠퇴·소멸한다는 것의 의미

꼴찌도 의미가 있다
국가와 사회는 유기체
선제적 대응 필요

꼴찌도 의미가 있다

　고등학교 시절 촌철살인의 대가라 불리는 산적같이 생긴 수학 선생님이 계셨다. 그분이 가끔 하는 '농담'을 보면 웃고만 넘기기엔 불편한 진실이라든가 현실을 냉정하고 객관적으로 꿰뚫는 시각이 돋보이는 경우가 많았다. 그분이 언젠가 수업시간에 이런 말씀을 하셨다.

> "여기 이 반에 공부 좀 한다는 놈들, 저 뒤에 수학 포기한 놈들 무시하면 안 된다. 쟤네 학교 안 나오면 너희들이 더 손해야. 내신은 혼자 잘한다고 잘 나오는 게 아니야. 깔아주는 애들 없으면 다 소용없어. 그러니 행여나 자퇴하고 검정고시 간다든가 그런 생각 먹지 않게 쉬는 시간에 빵도 좀 사주고 뭐 어려운 거 없냐고 먼저 물어봐서 해결해 주고, 용돈도 좀 걷어서 주고 그러라고 알았어? 수학 좀 포기했다고 우습게 보지마!"

　당시에 다들 큰소리로 웃었다. 수학 선생님이 소위 '수포자'를 무시하지 말라는 말을 '논리적'으로 풀어서 말씀하셨다. 수학을 포기한 친구들도, 공부 좀 하는 친구들도 모두 생각 없이 그냥 웃겨서 웃었다. 그런데 나는 수십 년이 지난 지금, 지방소멸에 대한 주제로 글을 쓰면서 그때 그 장면이 생각났다.

국가와 사회는 유기체

하나의 국가가 제 모양을 갖추고 안정적으로 유지된다는 의미는 무엇일까? 조화로운 유기적 관계, 상호 이해, 균형 이런 단어들이 사회 전반에 도도히 흐르고 있다는 뜻 아닐까? 농촌과 도시, 서울과 지방, 대도시와 위성도시, 제조업과 서비스업, 건물주와 세입자, 고용주와 고용인. 어느 하나만 있어서는 안 되는 관계들이다.

지방 중소도시들이 고사 위기에 처해 있다. 특히 전국의 모든 군 단위 지자체들은 존폐의 갈림길에 있다. 바람 앞의 등불이라 당장 불이 바람에 날려 꺼져도 별로 이상하지 않은 시기에 와 있다. 지자체에 주민이 단 한 명도 남아 있지 않은 시점이 소멸인가에 대해 그렇다고 말할 사람은 아마 없으리라. 지자체가 제 기능을 상실한 시점을 지역 소멸로 보는 것이 맞는 정의리라. 그렇게 보았을 때 우리나라 군 단위 지자체가 소멸하기까지 어느 정도나 시간이 남았을까? 각각의 경우마다 차이가 있겠지만 20년 안에 절반 정도는 통폐합 대상이 될 것이다. 이대로 인구가 줄어든다면 사실 그래야 맞다.

지역이 쇠퇴하고 소멸한다는 것은 사람으로 치면 몸속 장기 하나가 제 기능을 못 하게 되는 것과 비슷하다고 말할 수 있다. 다른 장기가 모두 건강하더라도 어딘가 하나가 잘못되면 당장은 죽지 않더라도 전체적인 밸런스는 무너지기 시작한 것이라 볼 수 있다. 마찬가지로 국가적으로도 쇠퇴하다가 소멸하는 지자체가 늘어갈수록 국가 전체적으로 밸런스가 무너지게 되는 셈이다. 시간이 갈수록 국가적으로 회복하기 위해서 더 큰 비용을 감당해야 하는 이유다.

선제적 대응 필요

'지역'이 없어진다는 것은 논밭만 남고 시골이 없어짐을 뜻한다. 누군가 대규모로 쌀은 생산하겠지만 그것이 시골과 농촌 마을이 유지되고 있다는 의미는 아니다. '넓은 벌 동쪽 끝으로 옛이야기 지줄대는 실개천이 휘돌아 나가고 얼룩배기 황소가 해설피 금빛 게으른 울음을 우는 곳 차마 꿈엔들 잊힐리 없는' 그 시골은 없어진다는 의미다.

지역이 소멸한다는 것은, 지금도 대도시 중심으로 우리나라 어딜 가든 다 비슷비슷한데 갈수록 지역적 다양성은 사라지고 획일화가 가속된다는 것을 의미한다.

지역 소멸을 바라보는 인식이 재정립 되어야 할 것이다.

소멸 예상 지역 당사자들은 이 사태의 심각성을 깨닫고 주체적으로 이 상황을 타개해 나가겠다는 결심을 하고 스스로 구체적인 계획을 짜고 실행에 옮겨야 할 것이다. 그리고 중앙 정부는 지방소멸의 댓가가 얼마나 큰 비용을 초래하는지 서둘러 인정하고 선제적 과감한 예산 배정과 투입을 통해 근본적인 문제 해결에 적극적으로 나서야 할 것이다.

지방이 소멸해가는 것에 당사자는, 해당 지역뿐 아니라 국가 전체라는 인식을 통해 선제적 대응이 절실히 필요하다. 2021년 현재 당사자 모두에게 필요한 것은 지금이 절체절명의 위기라는 절박감이다.

그래도 희망은 있다

위기가 기회

개성이 강한 사람들의 증가

청년 유치가 더 쉬울 수도

일단 모이게 하자

순천이 보여줬다

위기가 기회

우리나라 웬만한 기업들이 체질 개선을 하고 자리를 잡은 시기는 IMF 외환위기 시절이다. 그때를 못 넘기고 좌초한 기업들이 더 많았지만, 오히려 혼란을 발판삼아 도약한 기업들도 꽤 된다. IMF 외환위기는 우리나라 대부분 기업에 차입경영 위주의 경영 스타일을 버릴 수밖에 없도록 만들었고 기업의 안정성을 강화시켰다. 태풍의 순기능에 비견할 수 있는 결과물이었다.

코로나 팬데믹은 우리 경제에 IMF 위기를 연상시킬 정도로 큰 변화를 주었다. 이번엔 기업도 기업이지만 중산층 이하 개인들에게 더 큰 영향을 주었다. 비대면이라는 개념이 사회 전반적으로 확산되었고 적응의 동물답게 빠르게 받아들여지고 있다.

재택근무가 일상화될 것이라는 미래사회에 대한 예언은 틀렸는가 싶었는데, 이번 팬데믹을 계기로 급속도로 현실이 되었다. 한 번 이렇게 방향을 잡았으면 뒤로 돌아가기 힘들게 마련이다. 10년 전과도 비교할 수조차 없는 재택근무 환경이 이를 뒷받침하고 있다.

수도권의 집값, 특히 서울의 집값은 이미 보통사람들에겐 진입을 허락하지 않는 수준으로까지 치솟았다. 2021년 현재 아직도 최고점이 아니라는 사람들도 많아서 신고가 행진을 계속하고 있다. 이러다 폭락할 수도 있겠지만 낙폭도 제한적일 가능성이 크고, 설사 상당히 떨어진다고 해도 여전히 청년들이 느끼기엔 넘기 힘든 벽일 것이다.

사상 최악의 취업난이라는 말이 이십 년째 계속되고 있다. 해마다 취업난이 작년보다 더 심하다는 의미다. 여러 가지 이유가 복합적이긴 하지만, 최첨단으로 기술이 발전할수록 전통적인 방식의 고용이 사라진다는 점이 가장 커 보인다. 사람이 하는 일을 기계와 AI가 대체하고 있고 그 교체 속도가 아주 빠르다. 기업들이 사상 최대 매출을 올리면서도 고용 창출이 미미한 결정적인 이유다. 최저임금의 급격한 인상도 어느 정도 작용하고 있는 것으로 보이는데, 이는 앞으로도 고용시장에 상당한 영향을 미칠 것이다. 자영업자들이 창업을 하는 데 있어 인건비 지출을 최대한 줄이려 들 수밖에 없고, 이는 곧 고용 질의 저하로 이어질 것이다.

코로나 사태로 인해 많은 사람의 삶이 바뀌었다. 특히 청년과 자영업자층에서 배달 택배 물류 알바 등 단순 노동직으로 투신한 경우가 엄청나게 많아졌다. 삶의 질이 떨어졌다고 볼 수밖에 없다.

개성이 강한 사람들의 증가

개성이 강한 사람들이 많아지고 있다. 특히 청년층에서 다른 사람들의 눈치 안 보고 사회적 편견이나 선입견에서 자유로운 정서를 가진 사람들이 늘고 있다.

1990년대까지는 학력고사만으로 대학에 입학했는데 2000년대 들어서면서 다양한 방식으로 대학에 들어가게 되었다. 반드시 공부만 잘해야 성공하는 줄 알았던 80년대 90년대 학번들과는 근본적으로 다른, 개방적인 사고를 하는 이들이 2000년대 이후 학번들이다. 개방적이고 자유롭게 대학도 다니고 사회생활을 하고 인터넷이 주는 무한한 세상에서 사고의 폭을 넓힌 이들이다. 게다가 스마트폰으로 세상과 대부분의 소통을 하는 것에 대해 자연스러운 계층이다. 따지고 분석해 보면 개성이 강한 사람들이 많지 않을 수 없다.

이 개성이 강한 사람들이 획일적인 개념의 취업과 결혼 출산 양육 경력단절 시댁살이 이런 전통적인 양식을 당연한 것으로 받아들이지 않을 공산이 크다. 비단 출산율이 급격하게 하락하는 이유가 취업이 어려워서만은 아닐 것이다. 여자가 능력만 있다면 굳이 전통적 개념의 결혼을 통해 시댁이라는 짐을 떠안아야 하는가. 이런 정서가 상당히 퍼져 있는 것도 연일 최저출산율 기록을 갈아치우는 원인 중 하나다.

청년 유치가 더 쉬울 수도

귀농 귀촌하는 사람들은 크게 둘로 나뉜다. 청년과 은퇴자. 그런데 결정적으로 청년들은 주거(住居)만 하러 오지 않는다. 그들은 뭔가 하러 오는 것이다. 거주(居住)는 둘째고 심지어는 부수적이다.

전반적으로 청년들에겐 대도시가 매력적인 요인이 훨씬 많은 것은 사실이다. 그래서 지방의 광역시에서도 기를 쓰고 서울로 올라가는 청년들이 많다. 대세라고 봐도 과언이 아닐 정도다. 매년 고등학교나 대학교를 졸업하고 청운의 꿈을 품고 올라가지만, 세상은 생각처럼 만만하지도 않고 녹록지 않는다는 것을 깨닫는 데 오래 걸리지 않는 것이 현실이다.

그런데 2020년 전후로 서울과 경기도 집값이 어마어마하게 올라버렸다. 그렇지 않아도 지방과 서울의 여러 가지 격차가 심각한데, 이제 서울에선 도저히 젊음만을 무기로 맨몸으로 부딪혀보겠다는 시도는 현실적 성공 가능성이 떨어진다. 그걸 강하게 느끼는 청년들이 급격하게 늘어나고 있을 것이다. 청년들의 좌절에는 양질의 일자리는 갈수록 줄어들 수밖에 없는 산업구조의 변화도 크게 한몫을 할 것이다. 그걸 알기에 공무원 시험에 수십만 명의 젊은이들이 인생을 걸고 도전하고 있다.

지자체는 '멍석'을 어떻게 깔아 줄 것인가 그것만 연구하자. 청년들은 자신들은 잘 모를 수도 있지만 목말라 있다. 이 답답하고 깜깜한 현실을 탈출하고 싶은 마음이 간절하다. 그러나 현실적으로 본인이 혼자서 할 수 있는 것이라고는 정부 지원 받아서 대부분이 실패한다는 청년 창업 한 번 시도해 보는 것뿐이다. 청년들에게 모일 수 있는 명분을 만들 아이디어를 내라. 지자체가 각자의 상황에 맞는 아이디어를 내서 청년들에게 펼쳐줘라. 무에서 유를 창조한다는 생각으로 아이디어를 내보자.

일단 모이게 하자

　일자리와 인구 증가의 관계는 닭과 달걀의 관계라고 비유할 수 있다. 한쪽이 없으면 다른 쪽이 존재할 수 없는, 떼려야 뗄 수 없는 사이다. 그런데 지자체나 중앙 정부의 사고방식을 엿보면 일자리가 먼저라는 생각이 굳건하게 자리 잡고 있는 듯하다. 지역에서 떠나는 대부분 사람은 일자리가 없어서이며 인구 유입이 되지 않는 것도 일자리가 없어서라고 생각하는듯하다. 그 반대의 경우는 거의 상정하고 있지 않은 것 같다.

　과연 그런가? 반드시 일자리가 우선 만들어져야 인구 유입도 되고 인구 유출도 방지되는가? 나는 꼭 그런 것만은 아니라고 말하고 싶다. 물론 일자리와 인구증감의 상관관계에 대해 부정하는 것은 절대 아니다. 그러나 뒤에서도 말하겠지만 지역발전이라는 더 큰 틀에서 생각해본다면 일자리의 증감만이 인구 유입과 유출을 설명하거나 정의 내려서는 안 된다는 게 내 주장이다.

　완벽히 들어맞는 예는 아니지만, 그래도 내 주장에 근접하게 적용되는 도시가 있다. 순천시다.

순천이 보여줬다

순천엔 인근 도시인 광양, 여수와 달리 변변한 기업이 거의 없다. 대기업은 물론이거니와 중견기업이랄 수 있는 기업도 한두 개 정도다. 그런데 기업과는 전혀 상관없는 단어인 '정원'이 순천을 대표하는 이미지가 된 지 몇 년 되었다(순천만국제정원박람회는 2013년 열렸다). 순천만을 살리기 위해 도심과 순천만 사이에 인공 정원을 꾸미겠다며 국제정원박람회를 유치했다. 말하자면 스토리까지 갖춘 셈이다. 환경보존이라는 트렌드에도 걸맞고, 거기서 파생된 공해 없는 산업도 만든 일거양득이었다.

순천만국제정원박람회의 대성공으로 순천만정원은 제1호 국가정원이 되었고, 2018년 기준으로 순천만국가정원의 지역경제 파급효과는, 전남대 연구 추산 연간 4,100억원으로 알려져 있다. 뿐만아니라, 2021년 7월엔 '2023년 순천만국제정원박람회지원특별법'까지 국회를 통과해서 앞으로도 정원의 도시 위상을 더욱 공고히 할 예정이다.

지방소멸을 가장 걱정하고 있는 지자체가 전남이다. 수치상으로 보나 뭐로 보나 가장 심각하다. 그러다 보니 모든 시·군에서 인구가 줄고 있다. 그런데 딱 하나 순천시만 인구가 늘어나고 있다. 큰 폭은 아니지만 그래도 꾸준히 조금씩 숫자가 커졌다. 2021년 6월에 방문했을 때 순천엔 아파트 공사 현장만 10곳이 넘었다.

또한, 순천시의 인구 변화 추이에서 주목할만한 점이 있다. 노인 인구 비율이다. 순천만국제정원박람회가 있었던 2013년 다음 해인 2014년, 순천시의 노인 인구 비율은 12.8%였다. 당시 전국은 12.7%, 서울은 12.0%였다. 전국평균보다 약간 높았고 서울시보다는 꽤 높았다. 그러던 것이 2021년 7월 현재는 어떻게 역전되었냐면, 순천시 16.1%, 서울시 16.5%, 전국 16.8%다. 7년 동안 순천시는 3.7%p 상승에 그친 데 반해, 서울시는 4.5%p, 전국적으로는 4.1%p 올랐다. 상대적으로 순천시가 더 젊음을 유지한 것이다. 정원박람회가 있기 전까지 순천시의 인구 특색은 전혀 없었다. 그냥 도농복합지방중소도시 그 이상 그 이하 아무 특징이 없었다. 그런데 순천만국제정원박람회를 연 후 도시 이미지가 정원의 도시, 친환경의 도시로 바뀌었고 이는 지역 주민들의 자부심으로 연결되었다. 그리고 앞선 통계에서 말해주듯 젊음을 좀 더 유지하고 있는 도시가 되었다. 젊은 사람들이 유입되고 있어서인지, 젊은 사람들이 상대적으로 덜 유출되고 있어서인지 정확히는 알 수 없다. 그러나 한 가지 분명한 것은 내가 인터뷰한 대부분의 순천시민이 순천에 순천만과 순천만정원이 있어서 자랑스럽다는 취지의 답을 했다.

참고로 같은 시기, 비슷한 인구 규모의 도시이자 대기업이 즐비한, 순천 인근 여수의 노인 비율도 순천보다 훨씬 더 올랐다. 순천 3.7%p 오르는 동안 여수는 5.0%p 상승했다. 그리고 이미 언급했다시피 여수는 지속해서 인구가 줄고 있다. 대기업과 연간 1,400만 명의 관광객 초대박 행진을 하고 있음에도 그렇다. 심지어 같은 기간 출산율은 여

아이디어 하나가 지역을 살린다
I. 대한민국의 '지역'에 대하여

수가 순천보다 계속 더 높았다는 사실은 순천이 젊은 인구 유입 및 유출 분야에 있어 얼마나 선전하고 있는가를 단적으로 보여주고 있다.

대기업 등 기업을 유치한 실적이 거의 전무한데도 불구하고 순천시는 도시 이미지 개선 하나로 이렇게 인구 정책에서 적어도 '선방'하고 있다. 전남에서 유일하게 인구가 늘어난 도시라는 타이틀을 생각하면 전투에서 승리하고 있다고 평가해줄 만하다. 특히 젊은 층의 인구 비율이 상대적으로 덜 떨어지면서 유지되고 있다는 사실을 눈여겨볼 만하다.

일자리는 인구 유지와 증감에 결정적인 영향을 미치는 것은 분명하나 순천시의 사례에서 보듯 그것만은 아니라는 것이다. 특히나 여수와 광양의 경우에서 알 수 있듯이 양질의 일자리가 많이 있다고 해서 인구가 증가하는 것만도 아니다. 이 책의 후반부에서 실제 아이디어와 함께 설명하겠지만, 지역이 발전한다는 의미엔 경제적 풍요만으로 충분조건을 갖춘 것이 아니다.

지자체는 무에서 유를 창조하는 아이디어를 내야 한다. 해야 하고 할 수 있다. 지역 발전에 미치는 영향력도 미미한 일회성 축제나 무슨 아가씨 뽑기 대회 수준이 아닌 백년대계(百年大計)의 먹거리를 창출해야 한다. 그러면 청년들이 몰려올 것이다. 이미 분석한 대로 지금 수도권을 비롯한 전국의 마음 갈 데 없는 청년들은 '꺼리'를 기다리고 있다. 명분만 주어지면 바로 행동에 옮길 '준비된 이주자들'이다. 그

무언가를 만들어내자. 구체적인 영감은 이 책 후반부에서 드리겠다.

II. 지역발전에 대하여

도시가 쇠퇴하는 이유

2021년 8월 아프가니스탄을 통해
우리나라 지방에선 이런 일이
기본적으로 지역 주민들 책임

2021년 8월 아프가니스탄을 통해

2021년 8월 아프가니스탄에서 미군이 완전히 철수했다. 20년간 아프간에 주둔하면서 탈레반과 전쟁을 치렀지만 결국 포기한 셈이다.

알려진 바에 의하면, 아프간의 현직 대통령은 탈레반이 수도 카불에 입성하도록 협상 후 즉시 2000억 원의 돈 가방을 들고 어디론가 도망을 갔다고 한다. 도망가기 전날에는 끝까지 항전할 것이라는 메시지도 있었다고 한다.

미국이 아프가니스탄에 쏟아부은 비용은 지난 20년간 약 2600조 원[2]이라고 한다. 아프간 군대를 양성하는데도 약 100조 원이 투입되었다고 하니, 6·25와 1950년대부터 한국에 들인 비용은 아무것도 아닌 것 같다.

아프가니스탄의 정부군은 30만 명이었는데 반해 탈레반은 겨우 7만 명 수준이었다고 한다. 그리고 아프간 정부군에겐 미군이 제공해준 세계 최고 수준의 무기가 있었다. 그에 비하면 탈레반의 무기는 1980년대에 머물고 있었다. 헤비급과 플라이급, 프로야구와 중학야구의 비유가 전혀 어색하지 않은 전쟁에서 어찌 제대로 전투 한번 없이 탈레반이 승리하고 정부군은 흔적도 없이 사라졌을까?

---

2) 왓슨연구소 분석

아프가니스탄 국민에게 미국과 연합군은 어떤 존재였을까? 20년 전 아프가니스탄에 들어가면서 부시 당시 미국 대통령은 '테러와의 전쟁'이라는 명분을 내세웠다. 즉 이것은 아프가니스탄 국민을 탈레반의 압제에서 해방시켜 주는 전쟁이 아니라, 미국과 서방 문명 세계를 위협하는 테러리스트들과 그 근거지를 제거하는 데 목적이 있음을 분명히 했다. 따라서 아프간 국민에겐, 미국이 자신들의 이해관계에 따라 아프가니스탄에 들어왔고, 이것은 미군과 탈레반 및 IS 등 미국이 말하는 테러리스트들과의 전쟁이라는 인식이 생겼을 것이다. 아프간 국민은 곁불만 쬐고 떡 얻어먹는 식이라고 암암리에 생각했던 것은 아닐까? 나아가 우리가 미군에게 주둔할 땅을 제공하고 있으니 미군이 우리에게 도움을 받고 있는 것이라는 착각마저 잠재의식 속에 자리잡고 있었을지도 모른다.

미국의 이익에 따라 치르고 있는 미군의 전쟁이기에 우리는 협조하는 사람들이고, 우리 땅을 빌려주고 편의를 제공해주니 미국은 우리에게 많은 혜택과 보상을 주는 것이 당연하다고 생각했다는 가정을 한다면, 여러 가지가 설명될 듯하다. 아무리 그래도 정부군을 양성시켜주겠다는데 유령 군인을 이십만 명도 더 만들어서 미국으로부터 사기 월급을 타고 있었던 것은 너무하긴 했지만 말이다.

우리나라 지방에선 이런 일이

우리나라에선 IMF를 극복한 2000년대에 들어서 본격적으로 지방 분권과 균형발전에 대한 구체적인 논의가 시작되었다. 노무현 후보의 행정수도 충청권 이전과 공기업 지방 이전은 획기적 선언이었다. 균형발전에 대한 구체적인 개념 정립과 실천은 2002년에 시작되었다고 보는 것이 합리적일 것 같다. 공교롭게 '테러와의 전쟁'과 비슷한 시기다.

그렇다면 지난 20년간 우리나라 지방정부와 지역엔 어떤 일이 있었을까?

일단 수많은 시장 군수가 취임했다가 퇴임을 했고, 그중 많은 이들이 비리로 재판을 받았고, 퇴임하고 별다른 직업 없이도 큰 씀씀이를 하고 사는 사람들이 많다. 이 대목에서 안 그런 이들도 많다고 언급해 주는 것이 균형 잡힌 설명이라고 배웠다.

자 그리고 공무원 수가 엄청나게 늘어났다. 어떤 군의 공무원 수는, 인구 비례로 서울시에 적용해 보면 33만 명이다. 지자체들이 어느 정도로 방만하게 운영되고 있는지, 서울시청 소속 공무원이 33만 명이라고 생각해 보면 쉽게 상상이 될 것이다. 유령 공무원은 없겠지만, 허수아비 공무원이 대단히 많음을 부인할 수는 없지 않을까?

중앙정부는 균형발전이라는 명분 아래 지방에 막대한 자금을 쏟아부어 주었다. 어디 자금뿐이겠는가 2003년 국토균형발전특별법을 만들어 수도권엔 각종 규제를 계속 양산하고 지방엔 인센티브 등 수 많은 지원을 해오고 있다.

명분, 자금, 정책(과보호) 이 세 가지는 아프가니스탄에서도 똑같이 융단 폭격 수준으로 이루어졌던 것들이다. 그리고 20년이 지난 후 아프가니스탄에 남은 것은 절망감과 원망 그리고 의존하는 버릇뿐이다.

한국의 지자체는 지금 더 강력한 지방분권과 균형발전이라는 명분을 앞세워 "권한은 더, 지원은 그보다 더!"를 외치고 있다. 책임에 대한 언급은 찾기 힘들다.

아프가니스탄의 지도자 중에 난세의 지도자다운 모습을 보이는 사람이 없는 것은 아닌 것처럼, 우리나라 지자체장 중에서도 어떻게든 지역을 살려 보려고 노력하고 진심으로 사욕을 멀리하면서 고군분투 중인 사람들이 있다. 그런데 거대한 시대적 흐름 앞에서 역부족인 경우가 더 많다고 느낀다.

기본적으로 지역 주민들 책임

지자체의 존속과 발전은 기본적으로 해당 지역 주민들의 책임이다. 중앙정부는 주도하는 세력이 아니라 지원해주는 곳이다. 이것이 가장 중요한 개념이다. 지도자의 리더십 아래 주민들이 주체가 되어 스스로 해내야 한다. 아프가니스탄에 없었던 것이 바로 그것이었다. 지도자가 전혀 지도자답지 못했고 오히려 사리사욕 채우기에 바빴던 최악의 인물이었다. 윗물이 썩었으니 아랫물도 맑을 리 없었다. 이런 상황에서 누구에게 애국심을 기대하고 적과 싸울 것을 명령할 수 있단 말인가. 그리고 결정적으로 누가 적인가?

주민들이 지역에 애정을 갖고 공동체 의식을 함양하는 것이 지역의 인구 유출을 막는 가장 효율적이고 효과적인 방법이다. 일자리도 중요하지만, 공동체 의식과 지역에 대한 애정이 더 중요한 이유다. 마찬가지 이유로 출산 장려금을 올리는 단순한 정책보다 인구 유출을 막고 살기 좋은 동네를 만드는 것이 더 중요하다.

일자리가 없어지는 것이 도시 쇠퇴의 가장 큰 이유라고들 말한다. 전적으로 틀린 말은 아니라고 생각한다. 그러나 가장 결정적인 이유는 그것이 아니라고 말하고 싶은 것이다. 이는 마치 가족의 행복에 경제적 풍요가 중요하긴 하지만 전적으로 거기에만 달려있다고 말할 수 없는 것과 마찬가지다. 가족의 행복에 가장 중요한 요인은 화목과 건강이다. 돈은 적어도 3순위 밖이다.

결론적으로, 지방이 쇠퇴하는 것은 지역 주민들이 공동체 의식을 충분히 갖지 못했기 때문이다. 그 책임은 대부분 지역의 '지도자들'에게 있다. 공동체 의식이 발달한 집단에서는 자립하려는 의지가 생겨나게 마련이다. 우리 스스로 해보자, 대기업 유치에만 목매지 말고 우리가

할 수 있는 것이 뭐 없는가 고민해보자 그러고 나서 결정되면 정부에 이것만 좀 도와달라고 하자. 이런 분위기가 형성이 되어야 한다. 지역에서 그런 '스스로' 분위기가 일어나지 못하고 있는 것이 지방이 쇠퇴하고 있는 가장 큰 이유라고 생각한다.

국토균형발전특별법

국토균형발전특별법
"지역 간의 불균형 해소"
"지역 특성에 맞는"
"자립적 발전"
"국민 생활의 균등한 향상과 국가균형발전"
종합적으로 총정리

국토균형발전특별법

제1장 총칙

제1조(목적) 이 법은 지역 간의 불균형을 해소하고, 지역의 특성에 맞는 자립적 발전을 통하여 국민생활의 균등한 향상과 국가균형발전에 이바지함을 목적으로 한다.

제2조(정의) 이 법에서 사용하는 용어의 뜻은 다음과 같다.

1. "국가균형발전"이란 지역 간 발전의 기회 균등을 촉진하고 지역의 자립적 발전역량을 증진함으로써 삶의 질을 향상하고 지속 가능한 발전을 도모하여 전국이 개성 있게 골고루 잘 사는 사회를 구현하는 것을 말한다.

1-2. "지역혁신"이란 지역의 인적 · 물적 자원개발과 과학기술 · 산업생산 · 기업지원 · 문화 · 금융 등의 분야에서 지역별 여건과 특성에 따라 지역의 발전역량을 창출 · 활용 · 확산시키는 것을 말한다.

(하략)

모든 법에서 가장 중요한 것은 그 취지와 목적이라고 알고 있다. 그런 의미에서 이 국토균형발전특별법의 목적을 다시 한번 짚어볼 필요가 있다. 몇 자 안 되지만 중요한 말을 다 넣었고 지방발전 차원에서 지역이 어떻게 나아가야 할 것인가에 대해서도 방향을 제시한, 바람직하고 통찰력 있는 정의라고 평가해주고 싶다.

"지역 간의 불균형 해소"

우선, 우리나라 지역 간의 불균형을 해소하는 것이 일단의 목적이라고 했다.

우리나라에서 지역 간의 불균형이란 주로 수도권과 지방 둘로 나누어서 생각하는 경향이 있다. 틀린 정의는 아닐 수 있지만, 그건 좀 단편적인 생각이고 결과론적인 사고라는 의견이다.

우리나라 지역 중에는, 자연스러운 과정을 거쳐서 쇠퇴하거나 발전하지 않고 정치적인 의도에 의해 낙후된 지역이 있다. 바로 호남 자체다. 불과 50년 전까지만 해도 호남의 인구는 우리나라 전체의 최고 23%까지 달했었다. 그러던 것이 지금은 전체 인구의 10%에도 못 미친다. 인구수뿐만이 아니다. 1인당 국민소득, 재정자립도, 경제 규모, 각종 인프라 면에서 다른 지역, 특히 예전에 비슷한 수준이었던 영남에 비해 너무 큰 차이를 보인다.

이렇게 된 데에는 경상도 출신 독재자들의 악의적인 정치적 의도가 있었다. 호남을 의도적으로 발전시키지 않고 낙후시킴으로써 민주화 요구를 하는 세력을 '전라도의 지역감정 한풀이' 정도에서 묶어두려 했다. 호남의 투표성향을 그들만의 이기적 몰표로 몰아붙이고 왕따를 조장했다. 충청을 비롯한 나머지 지역 사람들에겐 '내가 아니어서 다행이다' 심리를 심어주었고, 이는 민주주의가 말살되었던 수십 년간 전가의 보도처럼 휘두르는 대로 기막히게 통했다.

지역 간의 불균형엔 두 가지 원인이 있었다. 하나는 자연스러운 수도권과 대도시 집중현상이고, 다른 하나는 정치적이고 악의적인 목적을 가진 의도적 지역 죽이기다.

현상을 개선하는 데 있어, 그 현상이 생기게 된 원인을 분명하게 짚는 단계가 반드시 필요하다고 생각한다. 수도권 집중현상이 일어난 원인이 무엇인가를 알아야 근원적인 해결책을 마련할 수 있을 것이다. 마찬가지로 호남이 낙후된 원인을 정확히 이해해야 호남에 적절한 균형발전 전략을 세울 수 있을 테니까 말이다.

결론적으로 지역 간 불균형은 그 원인을 간과해선 안 된다는 것을 강조하고 싶다. 출산율 저하도 근본 원인엔 눈 감고, 드러나는 지원만 내세우다 보니 오히려 수백조 원의 예산은 출산율을 일부러 낮추는데 사용한 거 아니냐는 비아냥만 듣게 되는 것이다.

"지역 특성에 맞는"

지금은 많이 퇴색되었지만, 교통과 통신이 발전하지 못했을 때는 지역마다 특색이 있었다. 문화도 꽤 달랐다. 그러던 것이 TV 등장과 언론의 활성화 등으로 인해 또 강력한 중앙집권제 통치로 인해 전국이 모두 비슷해졌다. 외양도 내면도 시간이 갈수록 대동소이해지고 있다.

다만, 사람들의 성격은 오히려 반대가 되었다. 개성 있는 사람들이 훨씬 더 많아졌다. 획일화된 교육을 받고 자란 세대와 달리 자유분방한 생각을 하는 사람들이 갈수록 늘어간다. 평범을 거부하는 사람들부터 남들 눈치 안 보는 사람들, 관습과 전통적 관념들을 무시하는 사람들이 세대의 특성으로 표현되기도 한다.

심지어 결혼, 출산, 육아 등 수십만 년간 이어져 온 인류 존속의 필수적인 행위들조차 선택 사항 중 하나로 치부해버리는 사람들이 급격히 늘고 있다.

지역을 발전시키겠다면서 구태의연한 사고방식과 정형화된 틀에서 벗어나지 못하고 있는 것은 아닌지 자치단체들은 심각하게 고민해봐야 한다.

지자체의 인구 유입 정책을 자세히 들여다보면 귀농 귀촌을 장려한다고 하면서 은퇴자들에 너무 초점이 맞춰져 있는 것은 아닌지 우려가 된다. 그들도 물론 타겟이 될 수 있고 의미도 있다. 그러나 지자체 입장에선 청년층에 비해서 아이디어나 '멍석'이 그다지 필요가 없는 부류이기도 하다. '멍석'이라 함은 청년들이 판을 벌일 유혹을 느낄만한 장(場)을 의미한다.

개성 있는 지역이 되어야 한다. "개성이 없으면 시체와 뭐가 다른가"라는 말을 그대로 지역에도 적용해야 한다고 생각한다. 극단적으로, '개성이 없으니 우리 지역이 갈수록 쇠퇴하고 있다'라고 믿어야 한다.

"자립적 발전"

자립이 아니고선 전혀 의미가 없다. 모든 것이 그렇다. 2021년 8월의 아프가니스탄 사태에서도 보듯 누군가의 도움으로 유지되는 평화와 경제 그리고 정치는 모래성일 뿐이다.

지방 정부의 가장 큰 문제는 오히려 이 주제에서 찾아야 하는 것 아닌가 싶다. 과연 지방의 지자체들이 '스스로 돕고' 있는지 냉정하게 살펴볼 일이다. 무언가 스스로 발굴해내고 개척하는 정신이 지방의 지자체들에 얼마나 장착되어 있는지 궁금하다.

중앙정부의 지원과 후원은 당연히 필요하다. 그리고 어느 정도는 그

것이 중앙정부의 의무이기도 하다. 그러나 국제 원조에 젖어있는 나라치고 가난을 획기적으로 탈피한 나라가 거의 없다시피 한 사실에서 알 수 있듯 무상 원조는 독(毒)이 되는 경우가 대부분이라고 알고 있다. 미국의 무상 원조가 퍼부어진 나라 중에서 대한민국만 '이 정도' 되었다. 나머지 거의 모든 나라는 계속 가난에서 벗어나지 못하다가 미국이 발을 뺀 순간 경제 무너지고, 독재자 등장하고, 사회는 엉망 되었다. 미국의 원조를 하늘에서 내리는 비처럼 언제까지나 당연하게 때 되면 내리는 것으로 여기면서 살았기 때문이다.

중앙정부는 손을 내밀어야 한다. 그런데 그 손이 닿는 곳까지는 지방의 지자체들이 자신의 힘으로 가야 한다. 이것이 중앙정부의 기본 정책이어야 하고 지자체의 자세여야 한다.

"국민 생활의 균등한 향상과 국가균형발전"

그리하여 궁극적으로 국민 생활은 균등하게, 국가는 균형 있게 발전시키는 데 이바지하고자 하는 특별히 제정한 법이 국토균형발전특별법이다.

국가를 균등하게 발전시키겠다는 뜻이 아니다. 국가는 균형 있게 발전시키고, 국민 생활은 균등하게 향상시키기 위해 만든 법이란다. 다시 말해서 대한민국 국민이라면 누구나 누려야 할 기본적인 권리와 존엄 인간다운 삶을 최소한도는 보장하겠다는 의미다. 좀 더 구체적으로 이해하기 쉽게 설명하자면, 의료와 교육, 복지 혜택 등에 있어 국민이 소외감을 느끼지 않도록 하겠다는 뜻이다. 그 국민이 어디에 있든 간에 '웬만하면'. 그리고 향상이라는 단어에는 상향식 평준화의 의지도 보인다.

'국가균형발전'에 대해서는 명쾌하게 정의를 내려 줬다. 지역 간 발전의 기회 균등을 촉진하고 지역의 자립적 발전역량을 증진함으로써 삶의 질을 향상하고 지속가능한 발전을 도모하여 전국이 개성 있게 골고루 잘 사는 사회를 구현하는 것을 말한다. 즉, 균형 있게 발전하는 국가가 이상적인 목표라고 천명했다. 국가를 정치적인 의도나 다른 불손한 속셈 없이 한쪽으로 치우침이 없이 발전시키겠다는 뜻이다.

가장 중요한 단어는 기회 균등과 개성, 그리고 자립하여 지속 가능한 발전. 이렇게 세 가지라고 생각한다.

종합적으로 총정리

지역 간의 불균형을 해소하고, 지역의 특성에 맞는 자립적 발전을 통하여 국민 생활의 균등한 향상과 국가균형발전에 이바지함을 목적으로 한다.

어떤 이유에서였든 간에 현재 나타나고 있는 지역 간의 불균형 해소를 우선하여 추진하겠다는 법이다. 지역 간에 불균형이 있다는 것을 확실하게 인정하고 있기에 그걸 해소하겠다는 뜻이다.

지역의 특성에 맞게 발전시키겠다는 것이다. 획일적이고 일률적인 형태의 발전이 아니라 지역의 특색에 맞는 발전을 제시하고 있다. 그런데 지역의 특성이란 것은 중앙정부에서 정해주는 것이 아니라 각 지역이 스스로 자신의 빛깔과 향기를 만들어야 한다는 의미일 것이다. 덧붙이자면, 개성을 만들어서 그것을 지역의 특성으로 삼아야 한다고 해석하고 싶다. 지역의 특성이란 것이 순창고추장처럼 원래 있는 것일 수도 있지만, 그것에만 경도되어서 창의적인 생각을 못 한다면 원래 있던 지역의 특성이랄 수 있는 것이 족쇄가 되어버릴 수도 있다는 생각을 해본다.

또한, 자립적 발전이라는 말을 통해 중앙정부에만 의존해서는 안 된다는 점을 분명히 하고 있다. 중앙정부는 어디까지나 도와주는 입장이지 주체가 될 순 없다는 것을 천명하고 있을 뿐 아니라, 시스템적으로 돌아가게 해야 한다고 선을 긋고 있다. 행간을 읽자면, 스스로 돕는 자를 돕겠다는 뜻이고 열 손가락 깨물어 안 아픈 손가락 없지만, 손가락 크기는 다 다르다는 것을 말하고 싶은 듯하다.

마지막으로, 국민은 교육 의료 복지 등의 혜택에 있어 기본적인 권리를 누려야 하며, 그것은 그가 어디에 있든지 간에 차별받지 않아야 한다는 의미로 '국민 생활의 균등한 향상'이란 표현을 했다. 국가균형 발전이라는 단어 속에는 국가의 모든 지역을 똑같은 수준으로 발전시키겠다는 것이 아니라 치우침이 없이 하겠다는 의지의 표현이 들어 있다. 개성과 자립이 핵심이다.

나는 국토균형발전특별법을 읽고 또 읽으면서 이 법을 만든 사람과 대화를 하는 기분이 들었다. 그 사람은 이렇게 말하고 있는 듯했다.

> "지역이 스스로 자신의 색깔을 분명하게 만들어야 합니다. 개성을 창조하세요. 그러면 돕지 말라고 해도 도와드릴게요. 기회는 모두에게 똑같이 부여될 것입니다. 마중물이 되어 드릴 테니 자립할 힘을 키워 지속 가능한 성공 시스템을 만드세요. 건승을 기원합니다"

진정한 지역발전이란

진정한 지역발전
우리는 왜 지역발전을 하려고 하는가?
지역이 잘 산다는 것
구성원이 같이 해야 한다

"세상을 살다 보면 많은 상을 받게 되지만 자신을 스스로 자랑스럽게 여길 수 있는 것보다 더 훌륭한 상은 없다."

- 오프라 윈프리 -

진정한 지역발전이란

첫째, 지역적 자부심을 바탕으로 한 공동체 의식 형성
둘째, 경제적 자립과 풍요
셋째, 공고한 공동체 의식을 기반으로 지역의 현안과 미래를 스스로 개척해 나가게 되는 것.

지역발전의 진정한 의미를 아는 것은, 초심으로 돌아가서, 본질적으로 우리가 하려고 하는 일에 대해 재정의하는 일이다. 본질과 근본을 생각하는 것은 늘 가장 중요하다.

공부도 이걸 왜 하는지 그 본질적 질문에 제대로 답할 수 있는 학생이 높은 성적을 받는다. 그리고 시험준비가 아닌 공부를 함에서도 마찬가지다. 내가 하는 이 공부가 무엇을 위함인지 어떤 목적을 갖고 내가 이 공부를 하는지 명확히 알고 있어야 효율이 극대화될 것이다.

우리는 왜 지역발전을 하려고 하는가?

한 마디로 내가 사는 지역에 대한 자부심을 느끼고 싶기 때문이다. 경제적 자립과 풍요는 중요한 부분이긴 하지만 결국 자부심의 일부다.

그거다. 궁극적으로 우리는 지역의 특별한 매력을 바탕으로 경제적 자립과 풍요를 이루고 내가 사는 지역에 대한 자부심을 느끼고 싶다. 그것이 지역발전의 본질이고 지속 가능한 지역의 바람직한 모습이다.

지역이 잘 산다는 것

나에게는 꿈이 있습니다.
언젠가 이 나라가 모든 인간은 평등하게 태어났다는 것을 자명한 진실로 받아들이고, 그 진정한 의미를 신조로 살아가게 되는 날이 솟아오리라는 꿈입니다.

나에게는 꿈이 있습니다.
언젠가는 조지아의 붉은 언덕 위에 옛 노예의 후손들과 옛 주인의 후손들이 형제애의 식탁에 함께 둘러앉는 날이 오리라는 꿈입니다.

나에게는 꿈이 있습니다.
언젠가는 불의의 열기에, 억압의 열기에 신음하는 저 미시시피주마저도, 자유와 평등의 오아시스로 변할 것이라는 꿈입니다.

나에게는 꿈이 있습니다.

나의 네 아이가 피부색이 아니라 인격에 따라 평가받는 그런 나라

에 살게 되는 날이 오리라는 꿈입니다.

- 마틴 루터 킹 목사의 1963년 워싱턴 DC 연설 중에서 -

별 관계가 없을 것 같지만 음미할수록 깊은 곳에선 비슷한 맥락이 흐른다.

사람도 그렇고 국가도 비슷하다. 잘 살고 힘이 있다고 해서 존경받는 것은 아니다. 그 자체만으로는 존경받을 만하지 않기 때문이다. 돈과 힘을 바탕으로 무슨 일을 했느냐에 달려있다. 다른 사람들이나 국가들이 인정해주지 않는데 자부심을 느끼기는 힘들다.

특히, 구성원들이 하나 되지 못하고 분열되는 것만큼 집단의 발전을 가로막는 것은 없다. 국가적으로 흑백 갈등을 완전히 해소하진 못했지만 그래도 미국이란 나라는 인종차별금지법을 만들어서 최대한 갈등을 봉합하려 하고 있다. 정의와 상식의 실현 차원이라고 볼 수도 있겠지만 국가 발전에 가장 큰 장애가 되는 것으로 판단하고 있기 때문일 것이다.

지역이 뭔가 구심점을 갖고 하나가 된다는 것이 중요하다. 국가일 경우 자랑스러운 역사, 정의로운 사법체계, 탄탄한 복지시스템 등으

로 구체화 될 수 있을 것이다. 지역도 그 지역만의 자긍심 넘치는 역사와 자연환경, 지역을 대표하는 유무형의 이미지 그리고, 스스로 참여해서 뭔가를 해내고 있다는 분위기 등을 생각해 볼 수 있다. 그중에서도 주인의식을 가지고 지역 사회의 일원으로 뭔가에 적극 참여하고 있다는 의식을 갖는 것이 가장 중요하다고 하겠다.

구성원이 같이해야 한다

아프리카엔 '멀리 가려면 같이 가라'는 속담이 있다고 한다. 국가도 가정도 마찬가지지만 지역발전 분야에서는 특히 더 적용되는 진리라고 느껴진다.

어떤 도시에 의욕적인 지방공무원이 있었다.

노인 관련 센터를 맡았었는데 시설이 아까워서 뭔가 활용할 게 없나 싶었단다. 그러다 어떤 계기가 되어 관내 오토바이 배달 청소년들의 열악한 실정을 알게 된다. 검정고시를 제안했고 호응한 친구들이 여럿 되면서 본격적으로 야학을 열었단다. 빵과 우유도 사비로 대기도 하면서 뿌듯함과 보람도 느끼게 되었다. 강사비 등 운영비를 시에서 지원받기에 이르기도 했단다. 그 결과 1년 만에 십여 명이 고졸 검정고시에 합격하는 쾌거를 이루었다고 한다. 그런데 그 공무원이 때가 되어 보직 변경으로 인해 다른 부서로 가게 되었단다. 그 후 어떻게 되었겠는가. 바로 올스톱이었다.

그때 그 공무원은 크게 깨달았단다. 지역사회든 센터 부서원들이든 누구든 같이 해야 했다고 후회했단다. 특히 센터의 후임 공무원도 사명감을 갖고 계속 추진할 수 있도록 시스템을 마련했어야 했는데 그 생각을 못 했다는 것, 그리고 애초 추진할 때부터 공론화시켜서 중지를 모아가면서 진행했어야 했는데…. 그런 반성을 했단다.

　　화목하고 건강하기만 하다면 그 가족이 못 헤쳐나갈 상황은 없다는 말을 믿는다. 지역도 비슷하다고 본다. 구성원들이 똘똘 뭉쳐서 공동체 의식을 바탕으로 뭔가를 같이 추진하고 하나씩 이루어내기 시작한다면 그 자체가 지역이 발전하고 있는 상황 아닌가 한다. 그리고 그런 단합된 힘을 가지기 시작한 지자체는 웬만해선 퇴보하지 않는다고 믿는다.

지역발전 전략 수립

지역도 사람도 한 둘의 이미지를 가질 뿐이다

역대 대통령들을 생각해 보자. 뉴스만 켜면 우리는 대통령의 일거수일투족을 알게 된다. 수십 년간 그래왔다. 그래서 국민은 5년 내내 대통령의 일정, 생각, 의중, 심지어 심기 변화까지도 알게 된다. 그렇게 5년 동안이나 그(녀)를 매일 접했음에도 결국은 하나의 이미지로 남게 된다. 기껏해야 두세 개다.

전두환   5·18 삼청교육대
노태우   6·29 물태우
김대중   IMF 극복 남북정상회담
노무현   노사모 자살
이명박   청계천복원 BBK 구속
박근혜   최순실 탄핵 구속
문재인   코로나 부동산

우리나라 쌀 브랜드는 약 1,750개 정도 된다고 한다. 그런데 일반 소비자들을 대상으로 인지도 조사를 한 결과, 평균 1.8개의 브랜드를 기억[3]하고 있다고 했다. 소비자들에게 특정 쌀 브랜드의 특성을 이해시키고 기억하게 하는 것은, 이쯤 되면 굉장히 어려운 일이거나 심지어 무모한 일일 수도 있겠다.

---

3) "우수브랜드 쌀의 브랜드 자산이 소비자 태도 및 구매 의도에 미치는 영향에 관한 연구" 2009년 명지대학교 위남량 박사 논문

지역이 발전을 위해 자신만의 이미지를 만들어야 하는데, 한 가지로 정해서 줄기차게 밀어야 하는 이유에 대해 대통령과 쌀의 예를 통해 이해를 돕고자 했다.

자신이 사는 도시의 슬로건이 뭔지 모르는 시민들이, 모르긴 해도 절반은 넘을 것으로 본다. 투표율이 70%도 안 되는 걸 고려하면 50%도 높게 잡은 것이다. 그런 실정에서 다른 도시의 사람들, 나아가 국민이 알아주길 바란다는 것은 무리다. 그리고 결정적으로 슬로건이 지역의 실상과 동떨어진 경우도 많고 자치단체장의 희망 사항과 심지어 본인의 선거와 연계된 것들도 있다.

다음 장의 슬로건, 컨셉 코너에서 자세히 다루겠지만, 하나의 이미지만을 갖는다는 것을 전제로 연구하고 결정해야 한다.

무에서 유를 창조하라

사실 지방자치제의 백미는 '무에서 유를 창조하는 것'이라고 생각한다. 원래 KOREA 발전 역사가 그것 아니었던가? 나는 한 걸음 더 나아가 '무에서 유를 창조하는 것'을 지자체의 의무라고 생각한다.

원래 절박할 때 놀라운 생각이 나오고, 가진 것이라고는 머리밖에 없을 때 획기적인 아이디어가 나오는 법이다. 지금의 지방의 중소도시가 스스로 절박한 상황이라고 느끼지 못하고 있다면 그 자체로 무능이다.

지금 세계에서 선진국이라고 말할 수 있는 나라들은 대부분 4계절이 뚜렷한 위도 40도 이쪽저쪽의 나라들이다. 일하지 않으면 먹고 살수 없는 환경이다. 반면, 천혜의 자연조건을 가졌다고 볼 수 있는 열대지방의 나라 중에선 현재 선진국이라고 불릴 만한 나라가 거의 없다고 봐야 한다. 일하지 않아도 지천에 먹을 것이 널렸고, 씨 뿌릴 때와 거둘 때 두 번만 가도 풍성하게 수확할 수 있는 논과 밭이 있는 나라 중에 선진국은 없다.

우리나라에서 경치가 몹시도 아름다운 고장이 어딘가? 제주도, 목포·신안, 통영, 속초 등이다. 그런데 이 지역들은 여행지로서 아주 큰 명성을 얻고 있지만 정작 주민들의 삶의 질이나 생활 만족도에서는 그다지 높은 점수를 받지 못하고 있다. 아름다운 자연환경 덕분에 관광으로 먹고살고는 있지만 그다지 자부심을 느끼고 있진 못하고 있는 것으로 안다. 결정적으로 경제적으로도 그다지 풍요롭지 못하다.

한편, 자연환경과는 별 관계 없이 성공한 관광도시가 있다. 전주와 여수, 그리고 순천이다. 이들이 바로 거의 무에서 유를 창조했다고 말할 수 있는 도시라고 생각한다.

물론 여수는 훌륭한 자연환경을 가졌다. 그러나 '여수밤바다'라는 노래가 여수 관광객 숫자의 전과 후를 나누는 기점이 되었다는 것은 팩트다. '2012 여수세계박람회'라는 큰 행사의 효과도 '여수 밤바다'에 비하면 그야말로 조족지혈이었다. 여수시가 작심하고 창조한 '有'는 아니었지만, 결과적으로 무에서 유를 창조한 셈이 되었다.

전주와 순천도 기존에 있던 자연환경을 이용해 대박을 터뜨린 것이 아니었다. 전국 오래된 도시들 어딜 가나 한옥이 많은 마을은 수없이 많았다. 전주가 '창조'해낸 것이다. 순천도 마찬가지다. 순천만이라는 자연환경이 있었지만, 비슷한 갯벌은 전국에 대여섯 개나 있었다. 그런데 순천만을 보존하기 위해서라는 명분으로 순천국제정원박람회가 아니라 순천'만'국제정원박람회를 만들어냈다. 정원박람회를 개최했던 세계의 도시들 중에 순천만큼 명분과 실리와 미래와 도시 정체성과 시민 자부심 등을 모두 확보해버린 도시는 아무 데도 없다는 사실이 순천시가 '창조'했음을 웅변하고 있다.

관광지 말고는 우리나라엔 아직 적절한 사례가 없다. 어떤 도시가 인위적인 이미지를 만들고, 주민이 똘똘 뭉쳐서 그 이미지를 강화하고 산업과 문화면에서 널리 뻗어 나가는 도시 말이다. 이것이 핵심이다.

매력을 갖추되 홈런을 노려라

모든 관광도시의 소원은 관광객을 1박, 나아가 2박 이상을 하게 만드는 것이다. 1박 할 때마다 1인당 평균 10만 원 정도를 더 지출한다고 보면 대단한 효과이기에 그렇다. 구체적으로 셈해보면, 100만 명이 10만 원이면 1천억 원이다. 상황이 이렇다 보니 웬만한 관광도시에서는 관광객을 숙박시키는데 사활을 건다는 느낌을 줄 정도의 정책을 시행하고 있다.

그런데 여기서 내가 '1박'에 목을 매고 있는 지자체들에게 꼭 들려주고 싶은 얘기가 있다.

> 히딩크가 이끄는 태극전사들에게 2002년 일산 축구대표팀 훈련장에서 있었던 일이다. 민족정기를 평생 연구하고 민주화운동에 헌신하신 큰 어른 백기완 선생이 태극전사들에게 정신 교육 겸 강연을 하셨다. 그 자리에서 선생은 이런 말씀을 하셨다.
> "니들 꿈이 16등이라지? 한 번만 이겨 보는 게 소원이라고?"
> 그러시더니 갑자기 큰 소리로
> "예끼 이 녀석들아! 16등이 뭐야 16등이. 하려면 으뜸을 해야지"
> 히딩크는 그 날 백기완을 처음 봤는데 통역기를 통해 듣다가 그의 기백에 반했단다. 그리하여 월드컵이 끝나고도 편지와 전화로 다시 만나 달라고 부탁했다고 한다. 특히 백 선생의 한 판의 춤판처럼 축구를 즐기라는 말에 깊은 공감을 표했고 진정한 한국인을 만났다고 했단다.

나는 이렇게 말하고 싶다.

"1박이 소원이라고? 무슨 소린가! 아예 이사 오고 싶은 도시를 만들 궁리를 하라"

더 나아가서 이렇게 말하겠다.

"지역 주민들이 삶을 즐길 수 있게 하라. 지역에서 신명 나는 한 판을 벌여라"

자생력을 갖춘 도시

경제적 자생력이 없는 도시는 주권이 없는 국가와 같다. 남의 손에 국민의 운명을 맡기고 기죽어 사는 국가의 국민과 다를 바 없다고 생각한다. 언제 어떻게 처분받을지 모르는 상태로 눈치 보며 그냥 먹고만 사는 것과 마찬가지다. 한 마디로 노예다.

국가에 가장 중요한 개념이 세 가지인데 그건 영토 국민 주권이다. 지방 소도시에도 비슷하게 적용할 수 있지 않을까? 지방자치단체에도 관할 행정구역이 있고 주민이 있고 자치권이 있다. 그런데 그 자치권에 해당하는 주권을 당당하게 행사하는데 전제가 되는 것이 바로 경제적 자생력이라는 거다.

그렇다면 웬만한 경제 위기 앞에서도 쉽게 타격받지 않는 경제 구조를 갖추기 위해서는 어떻게 해야 할까?

첫째, 돈이 지역에서 돌아야 한다. 들어오는 것에 신경 쓰는 것만큼 나가지 않게 하는 구조를 만드는데도 눈에 불을 켜야 한다.

둘째, 한두 개의 대기업에만 의존하는 형태는 위험하다. 중소기업과 소상공인을 키워야 한다.

셋째, 경제적으로 지역민들이 서로를 돕는 형태를 갖춘 금융산업이 발전해야 한다. 새마을금고나 신협 등.

협동조합을 주목하라

스페인의 몬드라곤, 빌바오, 미국의 벌링턴, 이태리 볼로냐 이 도시들의 공통점은 세계적인 협동조합 모범지라는 것이다. 속살까지는 솔직히 알 수는 없었으나 아주 주목할 만한 수치가 있어서 이들을 모범지라고 일컫고자 한다.

2008년 금융위기는 세계 거의 모든 나라에 좋지 않은 영향을 미쳤다. 특히 선진국과 서방국가들에 더 심했다. 당연히 미국 이탈리아 스페인도 큰 타격을 입었다. 그런데 위 네 개 도시들은 상대적으로 훨씬 덜한 피해를 봤다. 가장 결정적인 수치가 실업률이다.

금융위기 당시 미국 벌링턴은 미국 전체 실업률이 10%를 웃돌 때도 5%에 그쳤다. 상시 있는 마찰적 실업률을 3%로 볼 때 약간밖에 영향을 받지 않았던 것이다.

이탈리아의 볼로냐는 더 놀라운 수치를 자랑한다. 실업률이 2021년 현재도 4%라고 한다. 이탈리아 전체 평균이 12%인 점을 고려하면 아주 놀랍다. 게다가 1인당 연 소득이 4만 유로(2021년 9월 환율 약 5500만 원)라고 한다. 이탈리아 전체 1인당 연 소득이 4천만 원 정도인 것과 비교했을 때 대단하다.

협동조합의 가장 큰 특징이 바로 돈이 지역 내에서 돌 수 있는 구조라는 점이다. 지역 내 생산물을 서로서로 소비함으로써 부의 지역 외 이탈을 최대한 차단하는 것이다. 서로가 서로를 고용하는 시스템이 압권이다. 스페인의 몬드라곤협동조합은 수만 명의 직원을 60여 년 동안 단 한 명도 해고하지 않고 유지하고 있는 것에 엄청난 자부심을 갖고 있다.

대기업의 목표는 갈수록 일자리를 줄이는 것이라고 해도 과언이 아니다. 매출을 늘리면서 비용은 줄이는 것과 AI, 자동화로 일자리를 줄이는 것은 거의 같은 말이다. 그리고 결정적으로 대기업 하나에 지역이 매달려 있는 것은 언제 떠날지 모르는 연인에게 구걸하고 있는 느낌마저 든다. 기업 환경이나 업종의 쇠락이 도래하면, "올 때 그냥 그렇게 오셨던 것처럼 갈 때도 그렇게 오호 그렇게" 떠나버리실 것이기 때문이다.

총정리

지역발전전략 수립은 기본적으로 무에서 유를 창조한다는 자세로 임해야 한다. 설사 자신의 지역이 천혜의 자연환경을 가졌다고 하더라도 원점에서 재검토해야 한다. 무언가를 추진할 때 근거가 있다는 것은 중요하다. 그러나 역사적 스토리텔링이 훨씬 나을 수도 있고 그마저도 써도 되고 안 써도 되는 도구일 뿐이다.

지역이 하나의 이미지를 갖고 주민들이 똘똘 뭉쳐서 그 이미지를 강화하는 데 적극적으로 참여할 수 있어야 한다. 그럴만한 아이템을 찾아야 한다. 제대로 해낸다면 그로 인해 산업과 문화 등의 분야에서 파생되어 뻗어 나갈 것들이 셀 수 없이 많을 것이다.

지역이 금융위기라든가 세계적인 불황 국내 불경기 등으로 인해 어려움에 부닥쳤던 때는 지금까지도 몇 차례 있었고 앞으로도 틀림없이 불규칙적으로 찾아오게 마련이다. 그에 대비해야 한다. 산업구조를 정비해야 한다. 돈이 지역 밖으로 나가지 않게 만들어서 대비해야 한다. 현실적인 대안이 신협, 새마을 금고, 협동조합이다. 비대면이 일상화된 상황을 십분 활용하는 것도 고려해볼 만하다.

지역발전의 비결

리더가 50% 이상
플랫폼
가치창출

리더가 50% 이상

솔직한 심정은 100%라고 말하고 싶다.

이순신 장군이 이끈 장병들, 그리고 후방전투를 같이 치른 호남의 민간인들은 원균과 기타 장수들이 지휘한 사람들과 전혀 다른 바 없는 군인과 백성이었다. 그런데 이순신이 지휘했을 때는 인류 역사상 가장 위대한 대첩을 하나도 아니고 몇 개씩이나 척척 해냈건만, 원균이 총사령관일 때 치른 전투에선 전멸하다시피 해버린다. 같은 지역의 사람들과 같은 병사들 같은 무기 같은 바다 거의 모든 것이 같았는데 이럴 수가 있단 말인가 불과 1~2년 만에 말이다.

이렇게 극단적으로 역사상 최고의 전적과 최악의 패배가, 모든 조건이 동일한 상황에서 지휘관 딱 하나만 바뀌었다고 벌어질 수 있다는 것이 놀랍기 그지없다. 다 아는 사실이지만 관점을 약간 달리해서 잘 따지고 보면 더욱 대단하다는 것이다. 이순신의 위대함으로 귀결될 수밖에 없는 스토리텔링이자 역사적 사실이다.

어떤 기업이 성공했다고 봤을 때 그 원인을 분석한 연구결과들을 많이 봤다. 이런 식의 연구는 수없이 이루어지기 때문에 어떤 경향이 있는가를 살피는 것 정도로 받아들이는 것이 좋다. 그런데 그 경향이 너무도 뚜렷했다. 리더의 자질이 50%를 넘나드는 공통점이 있었다. 기업이 성공하느냐 못하느냐는 리더에게 달렸다고 말해도 과언이 아닌 수준의 퍼센티지다. 아이템 아이디어 특허 이런 것들은 생각보다 미미하다는 것도 공통점이다. 중요한 것은 기술이 아니고 특허나 아이디어도 아니다. 심지어 충분한 자본력도 리더의 자질 앞에선 미풍에 그친다. 더욱이 경영 능력이라는 표현도 쓰지 않는다. 그냥 리더의 자질이다.

2021년 현재 대한민국을 포함해서 러시아 중국 미국 일본을 보자. 리더 한 명에 의해 나라가 얼마나 좌지우지되는가 잘 보고 있다. 특히 중국과 러시아는 지도자 한 명에 의해 모든 것이 결정되는 듯하다. 시스템이란 것도 별 의미가 없는 것 같다는 생각마저 든다.

시장과 군수를 비롯한 지방자치단체장은 선출직이다. 유권자로부터 직접 선택을 받은 사람들이다. 그러다 보니 공약집에 들어 있는 사안이라든가 자치단체장의 기획사업 같은 것들은 브레이크가 없다고 해도 과언이 아니다. 그런데 문제는 그 기획사업이란 것들이 진정 지역을 위한 고뇌에 찬 결단이었는가 하면 그게 아닌 경우가 많다는 것이다. 얼마나 자신과 측근들이 챙길 수 있는 사업인가 그것이 사업을 추진할 동력의 처음이고 끝인 경우가 많다는 데 문제의 심각성이 있다.

그런데 리더를 잘 뽑는 것이 지자체 발전의 가장 중요한 요소라는 말을 함에 있어 약간의 반전이 있다. 깨끗하지만 무능한 리더보다 약간 때가 묻었어도 능력 있는 리더가 훨씬 낫더라는 것이다. 털어서 먼지 약간 나는 수준이라면 준법 감시 시민단체들이 앞으로 견제 역할을 잘 하는 선에서 마무리 짓고, 능력을 발휘해서 지역을 진짜 잘 살게 만들도록 채찍질하는 게 낫더라는 것이다. 많은 지자체의 현실 상황을 소신으로 적는 것이니 오해는 없으시기 바란다. 지자체장의 '무능'에 대해 너무 안타까운 마음이 들어서 하는 말이다.

지자체장의 무능만으로도 지역발전은 요원한데, 무능과 부패가 버무려진 지자체에서 지역발전이라는 단어를 계속 입에 올리는 것은 그냥 사심 가득한 선거용 그 이상 그 이하도 아니다.

요즘에 와서는 좀 깨끗해지는 분위기가 곳곳에서 감지되고 있지만, 한때는 많은 아파트 단지에서 소위 입주자대표회의라는 단체의 부패가 심각했다. 아파트 주민들 대부분이 동대표 주민대표 이런 거 신경 안 쓴다는 것을 악용해서 업체 선정부터 채용 뒷돈까지 돈 되는 것엔 다 봉투를 내밀었다. 선거한다지만 대부분 주민은 관심 없으니 그들만의 리그로 전락한 요식행위 수준이었다. 그러고 나서 선출직이라는 명분 아래 마음껏 전횡을 휘두르면서 몇몇 일당이 이권을 나눠 가지고 뒷돈을 챙긴다. 큰 단지에서는 몇 년만 해도 노후보장이 된다는 말도 있다.

리더 때문에 망해가는 지자체들의 양상을 아파트 단지에서 보았다. 대통령 선거, 국회의원 선거에만 관심을 두고 지자체장 선거는 그냥 인지도에서 대충 판가름 나는 선거 풍토가 계속된다면 그 지자체의 미래는 암울할 수밖에 없다. 집권 세력이 설사 잘 하고 있다고 하더라고 지속적인 관심과 모니터링 그리고 감시와 견제가 필요한 것이 정치의 세계인데, 부패한 지자체장과 그 측근들만의 세상이라면 그 지역이 진정한 발전을 이룰 가능성은 아주 낮을 수밖에 없을 것이다.

노무현 대통령의 어록 중에 "민주주의 최후의 보루는 깨어있는 시민의 조직된 힘"이란 말이 생각난다. 지역 존속의 최후의 보루도 마찬가지 아닐까?

리더에게 모두 달려있다. 특히 지역발전은 더더욱 그렇다. 대충 권력 가졌다고 으쓱하고 다니면서 '관리'에만 치우친 시정 군정을 펼치는, 시대에 뒤떨어진 리더를 뽑아서는 안 된다. 이대로 가다간 '무난히 소멸'한다는 위기의식과 절박한 심정을 가지고, 가진 '마지막 12척'으로 결전을 준비해 나갈 리더를 뽑아야 한다.

플랫폼

삼성전자, 현대자동차, IBM, GM, 노키아, 포드, 모토로라 등등 60년~120년씩 된 회사들이다. 지금도 잘 나가는 회사도 있고, 없어져버린 회사도 있다. 한때 세계 최고였던 회사들이었다. 그런데 2021년 현재 세계와 한국 경제를 주름잡는 회사들은 아마존, 구글, 네이버, 카카오뱅크, 쿠팡 이런 이름들이다.

2021년 8월에 코스피에 상장한 카카오뱅크는 상장하자마자 단숨에

시가총액 기준으로 금융주 1위에 올랐다. 카카오뱅크는 금융주 관련 주식의 일반적 기준인 자기자본이익률 등과 전혀 관계없는 가격에 거래되고 있다. 그리고 2위 KB금융과의 시가총액 차이를 두 배로 벌려 놓은 수준에서 안착했다. 카카오뱅크는 2021년 10월 현재, 상장을 했음에도 불구하고 법인통장 개설이 안 된다. 주식회사는 카카오뱅크에 계좌를 개설할 수 없다. 따라서 거래를 할 수 없다. 무역에도 활용할 수 없는 은행이고 심지어 직원을 만날 수 있는 지점조차 단 한 개도 없다. 그런데도 카카오뱅크는 승승장구하고 있다. 시장에서 인정하고 있는 셈이다. 왜 그럴까? 그건 카카오뱅크가 스스로 밝히고 있듯이 카카오뱅크는 단순한 고전적인 의미의 은행이 아니라는 점 때문이다. 은행이 은행이 아니라고 말하고 있는 셈이다. 그렇다면 카카오뱅크는? 금융플랫폼이란다. 현재도 모든 이용자에게 입출금 및 이체 수수료를 완전 무료로 제공하고 있다. 스마트폰을 이용한 편리성은 기존 은행권과 비교도 안 된다. 20년 전 '지식in의 네이버'를 보는 듯하다.

아마존과 쿠팡은 각각 생긴 지 25년과 10년 된 회사들이다. 지금 미국과 한국의 온라인 유통을 장악하고 있는 회사들이다. 사이트 하나다. 인터넷 사이트 하나 가지고 이런 놀라운 대제국을 이루었다. 소비자들이 접하는 것은 그냥 이용하기 편리한 사이트 하나뿐이다.

모두 플랫폼이다. 직접 하지 않고 자신은 판만 깔아준다. 장(場)을 마련해 주기만 하는 것이 자신의 역할이다. 플랫폼은 기차가 안전하게 들어오고, 출발하기 쉽게 해주고, 이용객들이 승하차하고, 기다리고, 배웅하고, 마중하는 데 편하게 해주는 것이 가장 중요한 역할이다. 직접 기차를 운행한다거나 이용객들 한 명 한 명의 목적지를 지정해 줄 필요는 없다.

도시도 그렇게 플랫폼의 마인드를 가질 필요가 있다. 코페르니쿠스적 발상의 전환을 해야 한다. 하나의 분명한 이미지와 색깔을 가지고 플랫폼이 되는 거다. 도시가 직접 하려고 하는 것이 아니라 장(場)을 펼쳐 놓는 플랫폼이 되는 것을 연구하라. 플랫폼이 된다는 것은 관청이 관급공사를 내려주는 것과는 전혀 다른 차원의 발상이다. 지금도, "관(官)은 직접 일하지 않는다"는 말을 하는 공무원에게 드리는 말씀이다.

예를 들어보겠다.

도시가 교육에 초점을 맞추고 싶다고 하자. 교육 플랫폼으로 가는 거다. 아동부터 성인 그리고 노인의 평생교육까지 생각해 보자. 우리 도시는 배움의 도시다. '배움의 즐거움'이란 모토로 플랫폼을 만들자. 도시 전체를 '즐거운 배움', '배움의 즐거움'으로 가득 채우는 거다.

배움이라고, 교육이라고 했다. 아동 교육에서도 발달 지체 아동의 숫자가 생각보다 아주 많다. 왜 그런지는 모르겠지만, 갈수록 치료와 전문 특수 교육이 필요한 아동들이 늘어나고 있다고 한다. 초중고교가 획일적이지 않다. 대안학교라 불리는 정규 교육 밖의 학교들도 많다. 그렇다고 전통적인 명문대 입학 선호 정서를 무시하는 것도 아니다. 그건 그것대로 활성화한다. 성인 교육의 필요성은 생각할수록 엄청나다. 주식, 부동산, 재테크, 노후관리 등의 실무적인 교육부터 부부관계, 인생의 의미, 대인관계, 자녀교육, 부모의 역할, 건강한 독신의 삶, 직업재교육 등등 무궁무진하다. 노인도 배워야 노화가 늦게 오고 치매도 예방된다. 죽는 날까지 배우다 가는 것이 행복한 삶이라는 가치관이 퍼지게 하자.

이런 모든 것들이 도시 전체를 휘감아 도는 분위기라면 그 자체로서도 대단히 발전하고 성공적인 도시가 될 터인데, 게다가 경제적으로도 상당히 긍정적인 파급효과가 있을 것이 틀림없다. 특히, 이런 확실한 교육도시의 이미지는 관심 있는 많은 사람의 이주를 불러올 것이다. 자식의 상황을 기준으로 주거지를 정할 용의가 있는 사람들도 있을 것이고, 수많은 강좌와 관계된 인구 유입도 있을 것이다.

플랫폼을 제대로 만들 수만 있다면, 지방 중소도시 중에서 카카오뱅크 같은 위상을 갖게 될 수도 있지 않을까? 개인들만 상대하고 지점도 없는 반쪽짜리지만 서민들에겐 선풍적인 인기를 끌고 파급 효과가 기대되는 카카오뱅크처럼, 지방 중소도시지만 주민들의 삶의 질과 만족도는 높아 그를 바탕으로 이주 하고 싶은 강소도시의 위상을 갖게 될 수도 있지 않을까?

다시 한번 말씀드리고 싶다.

"번트 말고 홈런을 노려라"

가치창출

1980년대까지만 해도 기업의 목적은 '이윤 추구'였다. 초등학교 5학년부터 고등학교까지 거의 모든 사회 교과서에서 우리가 만났던 문장이었다. 그런데 불과 10여 년 만에 일거에 그 문장이 사라졌다.

그 시절 학교에서 너무도 당연하게 기업의 목적을 이윤 추구로 배우고 자란 사람들이 지금 대한민국 기업들의 오너 자리에 앉아 있다. 그런데 2021년 현재 그들에게 당신 기업의 목적이 뭐냐고 물으면 학창시절 교과서에서 배웠던 대로 답하는 이는 거의 없다. 속으로는 그렇게 생각할지 모르지만 적어도 "이윤 추구입니다"라고 말하는 것이 얼마나 무식하고 시대에 뒤떨어진 소린가 정도는 알고 있다는 뜻이다.

그렇다면 모범답안은 무엇인가? 기업의 목적에 대한 모범답안은 '가치창출'이란 것이 대세라고 알려져 있다. 무슨 가치를 창출할 것이냐고 물으면 얼버무리긴 할 수 있지만, 아무튼 기업의 목적은 가치를 창출하는 것이 사회 전반적인 분위기가 되었다.

그렇다면 기업들은 왜 가치창출이란 개념에 주목하는가에 대해 생각해 볼 필요가 있다. 결론부터 말하자면 그것이 궁극적으로 기업에

보탬이 되기 때문이다. 기업 자체의 이미지를 좋게 한다는 것이 개별 상품이나 서비스의 매출에 더 큰 도움이 된다는 것을 깨달았다. 그리고 가치를 창출한다는 것에 대해 직원들이 갖는 프라이드가 생산성 향상, 애사심 고취 등과 깊이 연결된다는 것도 알게 되었다. 그리하여 기업들은 부랴부랴 자신들이 하는 일이 어떤 가치를 가진 것인지 살펴보게 되었고 나아가 앞으로 추구해야 할 가치에 대해 고민하기 시작했다. 그래서 나온 것들이 '사회적 가치창출' '인류 평화에 기여' '존경받는 기업' '직원들의 꿈을 실현하게 해 주는 회사' '세계 최고의 기술력으로 시대를 앞당기는 기업' '튼튼한 제품을 저렴하게' '고객 감동 실현' '지역사회 공헌' '여성을 아름답게 세상을 아름답게' 등등 이다.

이런 가치를 추구하게 된, 적어도 추구한다고 대내외에 천명하게 된 후에 기업들은 더 성장한 경우가 많은 것으로 안다. 그런 노력조차 안한 기업에 비해서는 더 월등히 자랐다. 자신들은 이런 기업이라고 스스로 정의 내림으로써 총수뿐 아니라 직원들도 신경 쓰게 되었을 것이고 소비자들의 냉철한 시선도 한몫했으리라. 실제로 가치 경영을 진정성 있게 추진한 기업들은 전반적으로 기업 자체가 탄탄해져 감을 느끼게 해주고 있다.

> "연탄재 함부로 발로 차지 마라. 너는 누구에게 한 번이라도 뜨거운 사람이었느냐"

안도현의 시 〈너에게 묻는다〉에 나오는 유명한 구절이다. 가치 있는 인생을 산다는 것의 가치와 그렇지 않은 삶에 대한 경종으로 해석된다.

사람의 존재 이유도 가치창출에서 찾아야 한다는 주장도 설득력이 있다. 기업과 똑같이 말이다. 기업이 가치창출을 하지 않고 이윤만을 추구했을 때 어떤 일이 벌어질까? 나타날 수 있는 갖가지 부작용, 즉 반사회적, 반인륜적, 반 지구 환경적 행태를 쉽게 예상할 수 있을 것이다. 사람도 마찬가지다. 가치 있는 삶이 아닌 인생은, 오로지 자신만을 위한 무의미한 삶을 사는 것부터 시작해서 다른 사람이나 사회 공동체적 의식은 전혀 없이 피해만 끼치다 마감하는 인생이다. 가치 있는 삶을 살고 있는가 아닌가에 따라 이렇게 근본적인 차이를 낸다. 좀 무섭기도 하고 옷깃이 여며지기도 한다.

자 이제, 도시가 가치창출을 한다는 것은 무슨 뜻이고 어떤 의미일까 생각해보자. 도시의 가치창출이란, 도시 자체가 가치를 창출하고 있어야 하고, 구성원인 주민들 각자가 가치창출을 하는 보람찬 느낌을 갖고 살 수 있도록 도움을 주는 것이다.

예를 들어보자.

일자리 창출이란 개념은 가치창출의 대표적인 항목이다. 협동조합이 지역 경제에서 차지하는 비율이 40%에 달하는 이탈리아 볼로냐의 경우를 보면 확연하다. 협동조합으로 서로서로 일자리를 지켜주고 있다. 일자리를 창출하는 것도 협동조합이고, 여러 다양한 협동조합의 조합원이 되어 매출을 일으켜서 일자리를 지켜주는 것이다. 모두가 도시의 경제를 같이 꾸려가고 있는 것이다. 어디 경제만 그러겠는가. 우리나라 향약 식으로 표현하자면, 환난상휼(재앙과 어려운 일은 서로 도와라)과 덕업상권(좋은 일은 서로 권한다)이 사회 전체에 진하게 자리 잡고 있다.

전통과 관계된 것들을 지키고 계승하는 것에 특화된 도시가 있다고 상상해보자. 효율이라는 현대식 가치관에 밀려서, 한때 구닥다리 신세로 전락했던 우리나라 수천 년의 고유문화를 살리는 것을 도시의 가치창출로 삼았다. 지역 주민들은 그 취지에 공감하는 사람들로 채워지기 시작했다. 동의하지 않거나 관심 없는 사람들도 많았으나 차츰 동화되는 주민들이 늘어났다. 소문을 듣고 관심 있는 사람들이 이사 왔다. 도시는 전통문화를 계승하는 상징성을 갖게 되었고 점차 도시의 모든 것들이 전통과 연관되어 갔다. 도시 자체가 가치를 창출하게 되었다. 구성원 중에서도, 도시와 컨셉을 맞추면서 전통과 관계된 비즈니스와 삶의 의미를 찾아가는 사람들이 늘어간다.

사람에게 할 수 있는 가장 철학적이면서도 진중한 무게의 질문은 "왜 사는가?"일 것이다. 이 글을 쓰는 순간의 나에게도 잠시 키보드를 멈추고 같은 질문을 해본다. 가끔 하는 질문이지만 늘 진지해지게 만든다. 기업을 경영하고 있는 사람으로서 "당신 기업은 어떤 가치를 창출하고 있는가?"라는 질문은 차라리 나에겐 쉽다. 지구 환경을 개선하는데 일조하는 일을 하고 있기에 어느 정도는 목소리에 힘이 들어간다.

그렇다면 지역에 묻는다. 당신 지역이 소멸하면 안 되는 이유가 있는가? 있다면 듣고 싶다. 진지한 태도로 경청하겠다.

III. 아이디어 하나가 지역을 살린다

* 지역별 아이디어와 컨셉은 이 책에서 처음 선보이는 저자의
  생각입니다. 활용할 분들이나 지자체는 저자와 상의해주시면
  더 풍부한 영감을 받게 도와드리겠습니다.

컨셉, 가치창출 그리고 도시브랜딩
전주 – 천하제일의 음식 도시 전주
순천 – 친환경과 참교육으로, 이사 오는 순천
군산 – 역전(逆轉)의 도시 군산
목포 – 지도를 거꾸로 돌려라! 목포
남원 – 세계 최고의 사랑 도시 남원
광양 – 광양은 서울입니다
임실 – 받았으니 베푸는 임실
구례 – 옛것으로 만드는 미래! 구례!

컨셉, 가치창출 그리고 도시브랜딩

여우는 많은 것을 알고 있다.
고슴도치는 하나의 큰 것을 알고 있을 따름이다.

- BC 7C 그리스 철학자 아르킬로코스 -

"모든 것을 하나의 핵심적인 비전에 관련시키는 사람은 고슴도치
형이고, 서로 모순되더라도 다양한 목표를 추구하는 사람은 여우
형이다."

이사야 벌린이라는 러시아 사상가가 역사상 이름을 남긴 철학자들
의 유형을 나누면서 한 비유인데 통찰력이 대단함을 느낀다.

그런데 도시 발전, 지역발전을 연구하는 사람으로서, 나는 이 통찰
력 있는 문장을 받아들임에 있어 '사람'이라는 단어 대신 '지역', '도
시'라고 넣어 보았다. 전율을 느낄 만큼 적확했다. 지역발전에 있어
'컨셉'이란 무엇인가에 관해 설명하려는데 아주 적절한 비유를 찾은
것이다. 특히 지방 중소도시의 발전 전략에 대한 컨셉은 '이래야 한
다'고 주장하는데 더할 나위 없이 좋은 근거를 만난 것 같았다.

모든 기획에 있어 가장 중요한 것은 컨셉이다. 컨셉은 집을 짓는데
비유하자면 설계요 기초공사요 주춧돌이고 대들보다. 무엇인가를 기
획하고 실행함에 바탕이 되고 구심점이 된다는 의미다. 대부분이 컨
셉을 중심으로 뻗어 나가고 연결된다. 구체적으로 실행하다가 확신이

서지 않을 때는 이렇게 물어보면 된다.

"이것이 컨셉에 맞나? 컨셉과 어울리나?"

상품이나 서비스 기획 개발에서는 컨셉과 아이디어의 경계가 모호한 경우가 많다. 특히 예술 창작 분야에서는 더욱 그런 경향이 있다. 그러나 지역발전 마케팅 분야에서는 컨셉이 우선시 되어야 한다. 축제 하나 성공시키는 것조차도 지역의 컨셉 아래 이루어져야 한다고 믿는다. 그 이유는 '도시 브랜드'를 확고히 하기 위해서이다.

도시는 컨셉을 먼저 정한 뒤 도시의 거의 모든 마케팅 활동을 그에 맞춰야 한다. 특히 도시가 원하는 바가 인구 증가나 적어도 인구 감소를 막아 소멸위기를 벗어나야 하는 상황이라면 더더욱 그렇다. 참고로 우리나라에서 소멸 걱정이 전혀 필요 없는 지방 중소도시는 없다.

결국, 우리나라 지방 중소도시는 '고슴도치'가 되어야 한다. 여러 가지 많은 것을 알고 있어서 이것저것 다 신경 써야 할 '여우'가 아니라 단순하고 밋밋해 보일지라도 하나의 큰 것에 집중하는 고슴도치 형이어야 한다. 우리나라에서 '여우'이어도 괜찮은 도시는 대략 10여 개에 불과하다. 그러나 그 '여우 도시'조차도 세계적으로 보면 '고슴도치' 성격을 가져야 한다. 뉴욕은 세계의 경제 수도다. 런던은 글로벌 금융중심지고 파리는 예술의 도시다. 뉴욕, 런던, 파리조차도 한 가지로 귀결되는 것을 생각해 보면 겸손하게 도시의 컨셉과 브랜딩을 다시 생각해 봐야 할 것이다.

 이 책엔 8개 도시의 구체적인 지역발전 컨셉이 들어 있다. 이 컨셉들은 지금부터 소개할 기준에 부합한다. 컨셉과 아이디어는 혼재될 수 있으나 아이디어는 컨셉에 종속되어야 한다. 적어도 지방 중소도시의 발전 전략에 관해서는 그래야 한다고 믿는다. 일시적이거나 단기적인 이벤트 하나에 만족할 것이 아니라 장기적으로 이사 오고 싶어지는 도시를 만들고 싶다면 '홈런 컨셉'을 잡아라. 지금 지방 중소도시들의 객관적 상황을 보면 그 수밖엔 없다. '모 아니면 도'의 세계로 내몰리고 있는 현실을 직시하시기 바라면서 구체적인 이론 말씀드리겠다.

컨셉을 잡는 Tip 3가지

 나는 모든 기획을 함에 있어 컨셉이 가장 중요하다고 생각한다. 그런데 그 실행에 있어서는 분야별로 기준이 다 다르다. 지역발전 전략도 그것만의 특징이 있다. 특히 지방의 중소도시 지역발전 전략을 세우는 데 있어 가장 중요하고도 제일 먼저 해야 할 '컨셉 잡기'에 세 가지 기준을 제시하고자 한다.

 첫째, 이 컨셉으로 해당 분야에서 우리 지역이 세계 제일이 될 수 있을까? 적어도 국내 최고는 가능할까?

둘째, 이 전략은 지역민의 열정적 참여, 그리고 가치창출이 가능할까? 그리하여 지역적 자부심이 생길까?

셋째, 이 전략이 성공해서 궤도에 오르면 지역 경제가 활성화될까? 우리 지역에 이사 오는 사람들이 많아질까?

가치창출과 브랜딩

도시 브랜딩이라는 것
도시에 의미와 가치를 입히는 것이다.

도시 브랜딩이라는 것
의미와 가치를 휘감은 도시엔 향기와 아름다움이 있다.
그 매력에 유혹당한 사람들이 날아들게 되는 것을 목표로 한다.

지방 중소도시 지역발전 전략의 현실적 목표는
젊은 사람들이 이사 오는 도시 만들기다.
평균 수명이 200살이 되지 않는 한 이것 말고는 모두 공염불이다.

이어서 구체적인 도시 8개의 발전 전략을 제시할 텐데 위에서 제시한 컨셉, 가치창출과 브랜딩을 염두에 두었다. 더 많은 도시들의 발전에 대한 아이디어가 있으나 내가 마련한 기준에 부합하지 않기에 모두 뒷전으로 밀렸다.

지금 지방 중소도시들에 필요한 것은 대수술이다. 건강식품이나 보양식 정도가 아니다. '언 발에 오줌 누기'식으로는 산소호흡기로 무의미한 생명 연장만 하는 것에 불과하다.

결론적으로 요약하자면, 지역발전에 관해 연구하고 정책을 결정하고 실행하시는 모든 분에게 감히 말씀드리고 싶다. 컨셉을 정하고 가치창출과 브랜딩을 하시라. 그리고 컨셉을 정함에 있어 홈런을 노리시라.

P.S. 컨셉에 대하여 한 번 더

"위대한 기업은 복잡한 상황을 단순하게 해주는 큰 지혜를 가진 고슴도치 컨셉을 갖추고 있었다. 여우는 고슴도치를 기습할 복잡한 전략을 무수히 짜낼 줄 아는 교활한 동물이다. 고슴도치는 여우의 공격으로부터 위험을 느낄 때 공격으로부터 자신을 방어하는 단 한 가지 방법, 몸을 말아 동그란 작은 공으로 변신하는 것을 알 뿐이다. 여우가 훨씬 교활함에도 이기는 건 늘 고슴도치. 여우들은 어지럽고 산만한 탓에 자기 생각을 하나의 종합적인 개념이나 통일된 비전으로 통합하지 못한다. 그러나 고슴도치는 복잡한 속을 뚫고 그 바탕에 깔린 패턴들을 식별할 수 있게 해주는 날카로운 통찰력을 지녔다. 여우는 많은 것을 알지만, 고슴도치는 '한 가지 큰 것'을 알고 그것에 집착하는 촌스러운 동물이다. 위대한 회사가 된 기업은 깊은 열정을 가진 일, 세계 최고가 될 수 있는 일, 경제 엔진을 움직이는 것 등 소위 고슴도치의 세 원의 공통 부분에 대한 이해를 통해 어떤 부문에서 세계 최고가 될 수 있는지를 잘 알고 있었다."

〈좋은 기업을 넘어 위대한 기업으로〉
- 짐 콜린스 -

컨셉은 영혼이다

제품이나 서비스, 심지어 사람이나 조직조차도 컨셉이 제대로 서 있지 않다면 영혼 없이 굴러가고 있는 위험한 상태라고 할 수 있다. 전혀 과장이 아니다. 그냥 월급만을 바라보고 모인 사람들에게서 혁신적인 뭔가가 나오지 않을 것이고, 이는 망하는 것이 예정되어 있다고 봐도 무방할 조직이다. 제품이나 서비스에 컨셉이 없다면 기껏 기대할 수 있는 것은 소 뒷발에 쥐 잡는 우연 정도다. 컨셉 없는 사람이 가장 쉽게 잊혀질 존재다. 특징이라도 있어야 하는데 의도하지 않고 얻은 특징으로는 일관성이 없다. 지역도 마찬가지다. 소지역일수록 의도된 특징으로 기억되어야 하는데 그 의도된 방향과 개념을 컨셉으로 이해하면 쉽다.

좀 더 구체적으로, 컨셉은 목표를 달성하기 위한 각종 전략 전술 기획들의 구심점이다.

나는 컨셉만 제대로 잡는다면 지역발전은 떼어 놓은 당상이라고 생각한다. 늘 그렇진 않을 수 있지만, 그 반대도 성립한다고 믿는다. 컨셉이 제대로 잡혀있지 않은 지역은 획기적 발전을 이루기 힘들다는 뜻이다.

어떤 지자체가 컨셉 없이 그냥 되는 대로 하루 한 달 일 년 4년을 지내고 있다고 봤을 때 그러고도 그 지자체가 차별화되고 지역의 브랜드를 갖고, 가치를 창출할 수 있다고 생각하는지 묻고 싶다. 컨셉은 있지만, 추진력이나 여러 가지 여건이 여의치 않아서 잘되지 않는 경우는 그나마 낫다고 볼 수 있다. 애초에 '지역'에 컨셉이 없는 것이 문제다.

천하 제일의 음식 도시 전주

한국 최고 음식 도시
미슐랭가이드
맞수는 있다! 웬만하면
This is '전주스타일'

• 지역적 자부심
• 경제적 파급 효과
• 컨셉
• 가치창출과 브랜딩

전주는 가진 것이 참 많은 도시다. 하지만 안 좋은 쪽으로 말하자면, '재주가 12가지인 사람 땟거리 걱정한다'라는 옛말이 적용될 우려도 있는 도시다.

전주는 각종 해산물이 풍부하고 갯벌, 염전까지 발달한 서해안 군산, 부안과도 가깝다. 한반도 최대의 곡창지대인 김제평야를 바로 곁에 두고 있을 뿐만 아니라, 만경강도 끼고 있다. 어디 그뿐인가. 동쪽으로 조금만 가면 강원도 못지않은 산세를 가진 산맥이 펼쳐진다.

따라서 전주는 일찌감치 각종 왕조의 도읍지로 주목받았으며 가장 문화적인 도시가 되었다. 먹을 것이 풍부하니 풍류가 발달할 수밖에 없었다. 조선 시대 판소리 명창들이 전주에서 가장 많이 난 것은 다 이유가 있었던 것이다. 지금도 전주대사습놀이는 국악인들의 등용문이자 압도적으로 가장 큰 국악 행사다.

1930년대 처음으로 우리나라에 영화라는 장르가 들어 왔을 때 가장 먼저 받아들이고 융성했던 고장이 전주다. 〈춘향전〉〈장화홍련전〉〈심청전〉〈홍길동전 후편〉 등 1930년대에 고소설을 원천으로 하여 조선에서 만들어진 발성영화가 있었는데 모두 전주와 한양을 중심으로 유통되었다. 1950년대에 이르러서는 서울 충무로와 쌍벽을 이룬 것이 전주 영화였다. 그러다가 차츰 모든 것이 수도권으로 빨려 들어가는 블랙홀 현상이 나타나기 시작하면서 전주가 한국의 할리우드였던 시절은 서서히 전설로 남게 되었다. 그런 연유로, 전주국제영화제는 우리나라의 다른 영화제들에 비해 훨씬 오래된 역사적 전통과 스토리텔링을 가진 셈이니까 더욱 자부심을 품고 추진해나가도 좋을 것 같다.

앞서 언급했듯이, 전주는 동쪽으로 노령산맥이 흐르고 서쪽으로 김제평야, 서해, 그리고 갯벌이 펼쳐진, 한국 최고의 식재료 산지로 둘러싸인 천혜의 음식 고장이다. 물론, 그 풍부한 먹을거리들을 바탕으로 양반 놀음인 판소리 등의 풍류 문화도 가장 발달했던 곳이다.

한때 전국에서 손꼽히는 도시였다가, 산업화에서 소외되고 정치적으로 밀리다 보니 지금은 인구수 기준으로 19등 정도(2021년 현재 65만 몇천 명)가 되었다. 지방의 일개 중견 도시 수준으로 전락한 셈이다. 아예 소도시도 아니고 광역시도 아닌 어정쩡한 규모다. 전라북도의 거의 모든 행정이 집중되어 있음에도 그 위상에 비해 인구가 적다. 이렇다 할 산업이 발달하지 않아서이다. 이것은 단점으로 작용해왔지만, 지금부터 풀어나갈 것을 생각하면 그리 절망적인 것도 아니다. 중화학공업이 발달한 도시가 되었거나, 어설프게 이런저런 공해 뿜는 공장들이 중구난방으로 들어섰더라면 전주의 역사성과 참 맛을 제대로 살리기 힘들었을 것이기 때문이다.

한국 최고 음식 도시

전주가 유네스코에 의해 세계음식창의도시로 선정되었다. 지정된 해가 2012년이었고 당시에 세계 네 번째였다. 2021년 현재까지도 한국에선 전주가 유일하다. 비단 이런 세계적인 객관적 인정이 아니더라도 한국인들에게 국내에서 가장 음식을 잘하는 도시를 묻는다면 아마 전주가 상당한 격차로 1위로 나오지 않을까 생각한다.

전주하면 떠오르는 음식이 비빔밥, 콩나물국밥, 한정식이다. 이렇게 세 개나 지역 이름과 연관된 음식이 있는 도시는 전주밖에 없다. 게다가 수제 초코파이, 모주까지 있다. 심지어 가맥이라는 음주문화까지 전주만의 독특한 문화다.

한국의 위상이 세계적으로 얼마나 높아졌는지 안다면, 한국 제일의 음식 도시 전주의 도시 발전 전략이 달라져야 한다고 생각한다. 세계적으로 한국에 관한 관심이 상상하기 힘들 정도로 올랐고, 그 중심에는 문화가 있다. 스마트폰, 자동차, 반도체, 조선산업 등이 있지만 K-Pop을 위시로 드라마, 영화, 심지어 요즘엔 K-클래식까지 등장했다. 한국과 관계된 거의 모든 것이 선망의 대상이 되고 있다고 해도 전혀 과장이 아니라고들 한다. 교포들이 그렇게 입을 모은다. 나는 문화 중에서 가장 중요한 것이 음식과 관련된 것이라는 주장에 이의를 달기 힘들다. 바로 그렇기에 전주가 나아갈 방향을 음식에서 찾아야 한다고 믿는다.

1926년에 만들어진 숙박, 레스토랑 안내 책자다.

미슐랭 스타(또는 미쉐린 스타)는 미슐랭가이드의 레스토랑 안내서인 레드 가이드에서 각 레스토랑에 총 세 가지의 '★'을 부여한다.

> ★ - 요리가 훌륭한 식당
>
> ★★ - 요리가 훌륭하여 멀리 찾아갈 만한 식당
>
> ★★★- 요리가 매우 훌륭하여 맛을 보기 위해 특별한 여행을 떠날 가치가 있는 식당

한편, 별점 시스템 외에도 빕 구르망(Bib Gourmand)이라는 제도가 따로 존재하며, "합리적인 가격에 훌륭한 음식을 선사하는 친근한 분위기의 레스토랑"을 기준으로 삼는다. 1957년에 처음 도입되었으며, 빕 구르망은 각 나라의 도시별로 구체적인 가격대를 따로 제시하기도 한다. 서울 편에서는 평균 4만 5천 원 이하의 가격대에서 가격보다 높은 수준의 음식을 제공하는 식당을 선정했다.

미슐랭가이드의 위상이 워낙 높아서 이 분야에서 그야말로 독보적이다. 공정함은 말할 것도 없고 100년 가까이 일관된 평가 방식과 기준을 유지하려 노력했다. 대략 지켰고 성공했다. 프랑스에서는 별 세 개에서 두 개로 떨어진 식당의 주방장이 자살했던 사례까지 있을 정도로 권위를 인정받는다.

에스콰이어(주) 구두는 한때 대한민국 제화시장을 양분했었다.
1922년생 창업주가 세상을 뜬 2002년까지도 명실상부 우리나라 양
대 구두 브랜드였다.

1966년에 이인표 창업주는 국내 최초로 수제화 자동화 공정을 도
입하고 본격적으로 구두회사를 차린다. 명동에 10평짜리 구둣방을
차린지 5년 만이었다.

이인표 회장은 처음 명동에 구둣방을 차릴 때 가게 이름을 짓기 위
해 청계천 헌책방골목을 찾았단다. 이 회장의 말을 그대로 전하자면,

"에스콰이어라는 잡지가 눈에 들어왔지 남자가 멋있게 폼 잡고 서
있는데 멋져 보였어. 잡지 이름하고 아주 잘 어울렸지. 그래서 무
슨 뜻인지도 모르고 저거다 싶었어. 그 자리에서 가게 이름을 결
정했지. 그런데 집에 와서 마누라한테 말하니까 발음도 어렵고 가
벼워 보인대. 비싼 수제화에 맞지 않으니까 품위 있게 고려제화로
짓자고 하더군. 그 당시 금강제화하고 칠성제화가 제일 큰 가게였
어 명동에서 제일 컸으니 우리나라에서도 제일이었지. 나는 안 된
다고 딱 잘라 말했어. 뭔가 다르게 가야 하는데 이름부터 확 다르
게 지어야 한다고 말했지. 금강이나 칠성 모두 한자(漢字)이니 나
는 영어로 가고 싶었어. 마누라는 일주일 동안 삐쳐서 말도 안 하

고 돌아누워 잤어."

"그러고 나서 거의 40년간을 승승장구하셨는데요, 어떤 경영 방식이 가장 중요했습니까?" 이렇게 질문했더니

"그러긴 했지. 나는 금강이 ─ 이렇게 가면, ㅣ 이렇게 갔어 (팔을 가로로 폈다가 세웠다가 하는 동작을 하면서) 금강하고 다르게 하려고 노력했지. 그게 금강에도 좋고 우리에게도 좋았다고 생각해" 이런 명답이 돌아왔다.

나는 금강제화와 수십 년간 한국 제화업계를 양분했던 에스콰이어의 성공 원인을 두 가지로 봤다. 성공한 모든 기업도 다 마찬가지겠지만, 리더의 탁월한 경영 능력이 가장 크게 보였다. 그리고, 어떤 업종이든 웬만하면 라이벌은 있게 마련이라는 통계적 진리를 다시 한번 느꼈다.

This is '전주스타일'

미슐랭가이드에 필적할 만한 레스토랑 숙박업소 가이드를 만드는 거다. 어찌 보면 동·서양의 대비(對比)라고 볼 수도 있다. 비록 가성비를 고려한 '빕 구르망'이란 별도의 평가제도가 있긴 하지만, 미슐랭가이드가 선택하는 레스토랑의 이미지는 고급·고가의 식당이다. 이를 역이용해서 그와 대비되는 이미지와 실체를 가진 가이드를 만들어 보자.

이름하여 '전주스타일'

전주스타일이란,

> 1. 맛있다.
> 2. 서비스, 인심이 좋다.
> 3. 합리적 가격이다.

미슐랭가이드의 주 타겟은 해당 지역에 살고 있거나 그 주변 지역 사람들, 가족, 연인, 사업관계인의 접대 등이다. 그런데 '전주스타일'은 젊은 여행자, 배낭여행객, 가족 단위 여행객, 중산층, 합리적 소비 지향자 등이다.

'전주스타일' 식당의 특징은 일단 맛이 좋아야 한다. 먹는 것은 심지어 약도 맛있어야 한다는 것이 진리다.

다음으로 '전주 스타일'의 핵심인 인심이다. 리필이 가능한, 소위 밑반찬만으로도 눈이 휘둥그레지거나 공깃밥 하나 정도는 무상으로 제공해야 한다. 그리고 가격도 '착해야' 한다. 적어도 합리적 가격이란 범위를 벗어나면 안 된다.

마지막으로 청결이다. 이건 기본으로 보장이 되어야 할 덕목이다. 돈이 아무리 많으면 뭐하나 금치산자인데. 기본이 안 돼 있으면 출발

자체가 의미 없다.

소비자 입장에서 요약하자면,

> "맛있고 서비스 좋고 가격도 저렴한, 코리아에서 가장 음식 잘하는 도시가 인증한 식당."

K-food와 전주라는 이름은 코리아라는 나라의 위상이 국제적으로 올라감에 따라 의미가 커질 것이 확실하다. 음식은 문화의 여러 가지 분야 중에서도 가장 중요한 쟝르이므로 당연한 현상이리라. 이런 시대적, 세계적 트렌드에 힘입어 전주라는 도시를 음식을 기반으로 한 '전주스타일'이란 날개를 달고 날아오르게 해보자는 것이다. '세계적인 음식 도시'가 되는 것이 그다지 어려워 보이지 않는다.

미슐랭가이드 인증시스템을 모방해도 되고 독자 시스템을 도입해도 될 것이다. 일단, 전주와 전라북도에서 먼저 시작하고 차츰 범위를 넓히자. 전주시청 내에 TF팀을 만들고 정식 부서를 만들어서 이를 관리하게 하든지, 전주시의 출자로 공사 하나를 출범시키는 것도 장기적으로 어울릴 것 같다. 매년 철저한 관리를 통해서 '전주 스타일' 인증 식당의 관리를 해 나가자.

미슐랭가이드와 쌍벽을 이루는 '전주스타일'의 탄생과 성공을 기대하는 바이다.

▶ 지역적 자부심

1990년대 초반 어떤 신문의 칼럼에서 본 기억이 있다. 칼럼의 필자가 전주의 막걸리 집에서 막걸리를 일단 주문하고 안주를 뭐 시킬까 메뉴를 보고 있는데 기본 안주가 나오더란다. 그런데 그 기본 안주의 수준이 너무 훌륭해서 메인 안주를 시켜야 할 이유라고는 오직 '미안해서' 하나뿐인 상황이 되어버렸단다. 칼럼의 주제는 생각이 나지 않지만, 그 칼럼의 필자가 인용한 전주 막걸리 집에 대한 에피소드는 기억에 인상적으로 남아 있다.

전주는 예로부터 인심이 좋은 동네로 알려져 있었다고 한다. 우리나라에서 가장 비옥한 농토, 살기 좋은 자연환경과 직접적 영향이 있었으리라. 원래 전주가 그런 도시라는 것이 '전주스타일'의 철학적 바탕이 되었다는 스토리텔링이 성립한다. 지나가는 길손에게도 국밥 한 그릇 대접하는 데 인색하지 않았던 손님 대접 문화가 있었고, 그 전통이 아직도 지역의 문화로 자리 잡고 있다는 스토리텔링 되겠다.

앞으로 전 세계적으로 '전주스타일' 인증이 퍼지게 되어 미슐랭가이드와 쌍벽을 이루게 되고 '전주스타일'이란 단어가 고유명사가 되고, 그 단어가 무슨 의미인지 아는 사람이 전 세계 20억 명 이상이 되는 날이 도래한다고 상상해 보았을 때 전주 시민이 갖게 될 자부심은 엄청나게 커진다는 것에 대해선 의심의 여지가 없으리라. 전 세계에서 엄청나게 많은 사람이 전주라는 도시를 알게 될 것이고 전주가 한국

음식의 본고장일 뿐 아니라 맛도 좋고 가격도 알맞고 인심도 좋은 식당들이 즐비한 곳이라고 믿게 된다면 어찌 될 것 같은가. 비단 음식뿐일 것 같은가? 그렇지 않다. 파생되는 효과가 엄청나리라.

지구인들에게 전주라는 도시가 서울보다 더 유명한 도시가 될 수 있다는 예상 겸 기대가 결코 과장이 아닐 수도 있다. 지역적 자부심이 생기지 않을 수 없게 될 것이다.

▶ 경제적 파급 효과

어떤 종목에서라도 세계적인 명성을 가진 도시가 된다는 것은 굉장한 의미다. 그런데 그 종목이, 모든 사람이 관심을 가진 음식 분야라면 호랑이가 날개를 단 격이라고 비유해도 과장이 아닐 것이다.

K-FOOD 중심지가 됨은 더 말할 나위가 없다. 음식과 관련된 각종 산업이 몰려들 것이다. 불과 10여 킬로미터 떨어진 곳에 익산 국가식품클러스터가 2021년 현재 위용을 드러내고 있다. 70만 평에 글로벌 식품산업단지와 연구소 등등이 균형을 맞춰가고 있다. '전주스타일'과 찰떡궁합을 이뤄볼 만하다.

한편, 관계자들에게 여쭙는다. 이건 어떠신가. 완주군은 전주를 빙 둘러싼 지자체다. 완주와 전주는 역사적 뿌리가 완전히 일치할 뿐 아니라 정서와 경제 생활권도 같다. 완주가 급속하게 경제 성장을 이뤄서 전주와 완주는 거의 모든 면에서 구분하기 힘들 정도가 되었다. '전주스타일'을 좀 확장할 필요가 있음을 고려해볼 만한 대목이다.

'완전스타일'을 생각해 볼 만하다. 영어로 'Perfect Style'이다. 완주와 전주가 합해진 단어라는 스토리텔링과 이름과 발음도 전주보다는 '완전'이 더 낫다. 최근에 세계적인 그룹이 된 BTS 덕에 완주군이 덩달아 세계적으로 알려지게 되는 일도 벌어졌다. BTS 영상 속의 완주는 정말 가보고 싶은 아름다운 곳이었다. 좋은 의미로 편승해 보는 것도 생각해 볼 만하다. 이 프로젝트를 기화로 완주와 전주가 통합하면 어떨까 생각해봤다. 도시 이름도 아예 '완전'으로 하고. 상상은 자유니 해당 지역 분 중에 거슬리시는 분들이 계신다면 양해하시기 바란다.

이 프로젝트를 진행하는데 전주와 완주에서 연간 100억 원 정도가 든다고 보자. 이 정도 비용으로 전주와 완주가 얻을 수 있는 유무형의 이익은 족히 수십 배는 되리라.

단순히 유명한 관광지가 되겠다는 것이 아니다. 스토리텔링과 철학이 있는 자부심 넘치는 도시를 만들겠다는 것이다. 분명한 색깔을 갖게 될 전주와 완주에 이주하고 싶어하는 사람들이 넘쳐나리라. 세계적인, 아니 세계 최고의 음식 도시가 되었는데 관련 산업과 일자리, 투자 등 등을 걱정할 필요가 있을까? 감당이나 잘 하시라.

PS: 자료를 찾아보니 전주시는 2018년에 전주에 있는 식당들이 미슐랭가이드에 등재되도록 시 차원에서 적극적으로 지원하겠다는 의지를 표방한 적이 있었다. 실제로 진행했으리라.

나는 이 책 곳곳에서 지역발전의 종착역은 젊은 인구의 유입이라고 누누이 말하고 있다. 관광객을 오게 하는 것도 의미가 있긴 하지만 그건 젊은이들이 이사 오게 만드는 일의 전초전 성격으로 봐야 한다는 주장을 하고 있다.

미슐랭가이드에 전주의 식당들이 등재되는 것을 관광객 유치 노력에 비유한다면, 미슐랭가이드에 필적할만한 아이템을 하나 창조하는 것은 이사 오게 만드는 일이라고 말씀 드리련다.

▶ 컨셉

1. 세계 최고가 될 수 있을까? ★★★★★
   당연하다. 미슐랭가이드와 더불어 '전주스타일' 또는 '완전스타일' 'Perfect Style'이 2등의 위상만 갖추게 되더라도 대단할 것이다. 목표는 미슐랭가이드의 맞수다.
2. 지역민의 동참과 열정을 끌어낼 수 있을까? ★★★
   전주나 완주 사람들에게 있어 음식이란 장르는 이미 자부심의 영역에 들어와 있다. 따라서 미슐랭이라는 커다란 산과 맞서는 거대한 산성을 짓자는데 호응은 상당하리라 믿는다.

3. 경제적 파급효과는? ★★★★★

세계적인 음식도시로 자리매김 했다면 경제적 파급효과는 가늠하기 힘든 수준이 되리라. 본문에서 언급했다시피, 서울보다 전주가 더 유명한 도시가 될 가능성마저 있는 정도다. 게다가 먹는 것은 풍류와도 직결된다. 파생되는 산업도 상당할 것이다.

▶ 가치창출과 브랜딩

1. 가치창출을 통한 지역적 자부심이 형성될 수 있을까? ★★★★★

음식으로 세계 정상에 오른 도시라는 점 미슐랭가이드와 쌍벽을 이루는 '전주스타일'의 본고장이라는 점 브랜딩이 완벽하다. 전주만이 할 수 있는 일이다. 어찌 자부심이 생기지 않을 수 있을까?

2. 젊은 사람들이 이사 오게 만들 수 있는가? ★★★★

관련 산업이 크게 발달한다. 세계적으로 유명 관광지가 된다. 음식, 요리, 관광, 산업 이런 단어들은 젊은이들과 깊이 통한다. 먹는 것은 풍류, 나아가 문화산업 전체와 연결이 되니 젊은이들이 모인다.

친환경과 참교육으로, 이사 오는 순천

남승룡과 교육도시
친환경도 돈이 된다
친환경이 이 정도로 효과가 있다고?

• 지역적 자부심
• 경제적 파급 효과
• 컨셉
• 가치창출과 브랜딩

남승룡과 교육도시

남승룡은 1936년 베를린 올림픽 마라톤에서 동메달을 딴 영웅이다. 일제의 식민지 조선 청년이 국가 대표로 뽑히는 과정과 시합 출전 직전까지의 음모, 조작 이 모든 것들을 이겨내고 이뤄낸 쾌거였다.

남승룡은 그로부터 11년 후 1947년 아직 정부수립도 하지 못한 상태에서 미군기를 타고 며칠을 날아가 미국 보스톤에 도착한다. 서윤복이란 선수의 코치 자격이었다. 그런데 서윤복 선수는 내일이 시합인데 호텔 방에서 갑자기 남승룡에게 부탁한다.

"코치님, 제가 국제 시합도 처음이고 너무 떨립니다. 제대로 할 수 있을지 모르겠습니다. 저와 같이 뛰어주시면 안 되겠습니까?"

말하자면, 페이스 메이커가 되어 달라는 부탁이었다. 남승룡은 흔쾌히 요청을 수락한다.

그렇게 참여한 1947년 보스톤마라톤대회에서 선수 중에서는 남승룡이 최고령이었다. 그리고 그는 약속대로 서윤복의 완벽한 페이스메이커가 되어 주었고 서윤복은 우승한다. 남승룡의 공이 컸음은 분명해 보였다. 그런데 얘기가 거기서 끝이 아니었다. 남승룡이 무려 10위를 차지해 버린 것이다. 이 정도의 순위는 만약 본인이 페이스메이킹을 하지 않고 남의 경기가 아닌, 본인의 경기를 했다면 우승도 가능했을 성적이다. 그래서 결과를 놓고 아쉬움을 갖지 않을 수 없었다.

손기정은 두 번 다 남승룡과 같이 있었다. 한 번은 금메달 자리에, 한 번은 감독으로서. 손기정은 남승룡에게 평생 미안해했다. 고생은 같이하고 자신만 너무 대접받는 것 같아서였다.

한때 개그프로그램을 통해 "1등만 기억하는 더러운 세상"이라는 말이 유행했었다. 그 말이 공감을 얻었던 이유는 실제 현실을 반영하고 있었기 때문이었을 것이다.

나는 생각한다. '1등만 기억하는 더러운 대한민국'이 오늘의 대한민국 현실을 제대로 표현하는 것이라면, 청소년들의 높은 자살률이라든가 왕따 가출 이런 것들이 어느 정도 설명이 되는 거 아니냐는 생각을 해본다. 2021년 대한민국 10대와 20대, 30대의 사망원인 1위는 자살이다. 심지어 40대와 50대에서도 자살은 암 다음으로 사망원인 2위였다. 사회와 학교와 가정에서 반드시 생각해 봐야 할 통계임은 물론이고 '1등만 기억하는 더러운 대한민국'과의 연관성에 관해 깊은 연구가 필요하다고 다시 주장한다.

남승룡은 비운의 2인자가 아니라 승리자다. 베를린 올림픽 스토리에서 손기정이란 이름을 지우고 다시 보면 남승룡은 그 자체로 영웅이다. 게다가 그가 보스턴에서 보여준, 남을 위해 자기를 희생하고 자신도 끝까지 최선을 다한 모습은 운동선수뿐 아니라 모든 이에게 귀감이 되기에 충분하다. 그런 의미에선 손기정보다 나은 사람이다. 아니, 비교를 손기정과 안 하는 것이 더 옳다. 손기정은 손기정이고 남승룡은 남승룡이다.

2001년부터 순천에선 11월에 남승룡마라톤대회를 개최하고 있다. 단순히 그의 고향이라는 의미로 시작했겠지만, 좀 더 깊은 의미를 새겼으면 좋겠다. 적어도 남승룡을 배출한 순천에서는 '1등만 기억하는 더러운 세상'이란 푸념이 나오지 않도록 하자는 것이다. 2등도 3등도 꼴찌도 의미 있는 교육을 하자.

〈곡선이 이긴다〉라는 책에 "행복은 목적지에 존재하는 것이 아니라 목적지로 가는 수많은 간이역에 존재한다"라는 말이 있다. 깊이 공감했다. 나부터도 살아온 인생을 돌아보았고 지금의 내 모습도 생각해 보지 않을 수 없었다.

순천이 '참교육'이자 특색 있는 교육을 한다면 비슷한 교육관을 가진 부모들이 주목할 것이다. 같은 교육도시를 표방하더라도 위상이 달라질 것이다. 이는 '맹모삼천지교'가 현실화되는 상황을 만들 수도 있다고 믿는다. 순천이 특색있는 진정한 교육도시라는 명실상부한 이미지를 확보한다면, 그 자체로 인구가 늘어날 것으로 믿는다.

친환경도 돈이 된다

순천만이라는 굉장한 자산을 가진 순천이 순천만정원박람회로 초대박을 쳤다. 초대박이라 하기에 부족함이 없는 이유는 일회성이 아니라는 점 때문이다. 단발성 축제나 국제 행사가 아니라 도시의 정체성을 친환경으로 만들어 준 효자 중의 효자 아이템이다.

지금도 순천만은 수백 개의 직접 일자리와 수천여 명의 간접 일자리, 그리고 2019년 기준 5년 연속 500만 이상 관람객을 기록하고 있다.

그 성공에 힘입어 제1호 국가정원에 지정되었으며, 2023년 국제정원박람회 개최도시에 재선정되어 다시 한번 순천만국제정원박람회라는 이름의 행사를 개최하게 되었다. 순천을 정원의 도시로 확실하게 알리는 계기가 될 것으로 기대된다.

순천은 2021년 9월에 새로운 쓰레기 소각장 및 매립장 후보지를 발표했다. 아주 좋은 기회다. 전국에서는 말할 것도 없고, 세계적으로도 견학을 와서 감탄할 만한 대단한 작품을 만들어 보자. 유럽에서는 소각장을 예술작품과 진배없을 정도로 아름답고 현대적으로 만들어서 오로지 '예술작품'을 보러 오는 사람들도 많을 만한 쓰레기 소각장이 있다. 그것도 몇 개는 되나 보다. 친환경 하는 것 자체가 돈이 되는 사례다. 다만, 순천이 이번에 검토하겠다고 발표한 새로운 소각장은 도시의 완전한 외곽에 있다. 이를 재검토하기 바란다. 도심으로 들어와야 한다. 지금 기술이 아주 좋아져서, 의지만 있으면 얼마든지 도심에 있어도 공해를 일으키지 않게 만들 수 있다. 도심에 있어야 친환경 도시 이미지가 극대화된다.

친환경이 이 정도로 효과가 있다고?

앞서 '희망은 있다' 코너에서 순천에 대한 특이한 통계를 소개했다. 그걸 여기서 다시 요약할 필요가 있다고 느낀다.

순천시의 인구 변화 추이에서 주목할만한 점이 있다. 노인 인구 비율이다. 순천만국제정원박람회가 있었던 2013년 다음 해인 2014년, 순천시의 노인 인구 비율은 12.8%였다. 당시 전국은 12.7%, 서울은 12.0%였다. 전국평균보다 약간 높았고 서울시보다는 꽤 높았다. 그러던 것이 2021년 7월 현재는 어떻게 역전되었냐면, 순천시 16.1%, 서울시 16.5%, 전국 16.8%다. 7년 동안 순천시는 3.7%p 상승에 그친 데 반해, 서울시는 4.5%p, 전국적으로는 4.1%p 올랐다. 상대적으로 순천시가 '더 젊음을 유지'한 것이다. 정원박람회가 있기 전까지 순천시의 인구 특색은 전혀 없었다. 그냥 도농복합지방중소도시 그 이상 그 이하 아무 특징이 없었다. 그런데 순천만국제정원박람회를 연 후 도시 이미지가 정원의 도시, 친환경의 도시로 바뀌었고 이는 지역 주민들의 자부심으로 연결되었다. 그리고 앞선 통계에서 말해주듯 젊음을 좀 더 유지하고 있는 도시가 되었다. 젊은 사람들이 유입되고 있어서인지, 젊은 사람들이 상대적으로 덜 유출되고 있어서인지 정확히는 알 수 없다. 그러나 한 가지 분명한 것은 내가 인터뷰한 대부분의 순천 시민이 순천에 순천만과 순천만정원이 있어서 자랑스럽다는 취지의 답을 했다.

참고로 같은 시기, 비슷한 인구 규모의 도시이자 대기업이 즐비한, 순천 인근 여수의 노인 비율도 순천보다 훨씬 더 올랐다. 순천 3.7%p 오르는 동안 여수는 5.0%p 상승했다. 그리고 이미 언급했다시피 여수는 지속해서 인구가 줄고 있다. 대기업과 연간 1,400만 명의 관광객 초대박 행진을 하고 있음에도 그렇다. 심지어 같은 기간 출산율도 여수가 계속 더 높았다는 사실은 순천이 젊은 인구 유입 및 유출 분야에 있어 얼마나 선전하고 있는가를 바로 보여주고 있다.

대기업 등 기업을 유치한 실적이 거의 없는데도 불구하고 순천시는 도시 이미지 개선 하나로 이렇게 인구 정책에서 적어도 '선방'하고 있다. 전남에서 유일하게 인구가 늘어난 도시라는 타이틀을 생각하면 전투에서 승리하고 있다고 평가해줄 만하다. 특히 젊은 층의 인구 비율이 상대적으로 덜 떨어지면서 유지되고 있다는 사실을 눈여겨볼 만하다.

▶ 지역적 자부심

친환경도시라는 이미지의 도시엔 누가 살고 있을까?

아마 그 도시 시민들은 분리수거를 철저히 잘 하겠지? 거리에 휴지도 안 버릴 것 같고 담배꽁초도 없을 것 같다. 심지어 술 먹고 휘청거리는 사람도 드물 것 같다. 전반적으로 왠지 사람들이 순하고 착할 것 같다. 도시엔 큰 공장은 없을 것 같고 그러면서도 중산층들이 대부분인, 안정적인 경제 구조로 되어 있을 것 같다. 혹시 다들 그렇게 생각하시는가? 웬만큼은 고개를 끄덕일 분들이 많으시리라고 본다.

친환경도시는 공기도 좋을 것 같고, 아이들 키우기도 좋을 것 같다. 교육도 바람직하게 할 것 같고 사람들도 순하고 합리적일 것 같다. 그런 도시가 있다면 가서 살고 싶지 않을까? 현재 그런 도시에 살고 있다면 계속 눌러앉아 살고 싶지 않을까? "순천 사람들은 좋겠다" 소리 들으면서.

순천이 고향이라고?

"그렇다면 배려는 기본으로 장착되어 있겠구만!"
"조직생활에 빠르게 적응하겠어!"

고향이 순천이라는 말을 자신 있게 하게 된다. 배려의 도시, 1등도 2등도 꼴등도 의미 있는 고장 출신이란 것은 장점이 될 것이다. 어떤 집단이든 그 조직이 1등을 하는 것은 중요할 수 있지만, 조직 구성원들끼리 조직 내에서 1등을 하기 위해 극한의 경쟁을 하는 것은 절대 원하지 않는다. 팀워크를 발휘해서 개인플레이는 자제하고 전체를 위해 협력하는 인재를 원한다. 합창대회를 생각하면 쉽다.

순천의 이미지가 참교육과 친환경이라고 널리 확고해질수록 지역적 자부심은 비례해서 커져만 갈 것이다. 그도 그럴 것이, 우리나라의 소위 교육도시라고 자칭하는 도시들을 자세히 들여다보면, 명문고등학교 한두 개를 품고 있다 보니 주변에서 공부 좀 한다는 학생들이 유학 오게 되면서 그런 별칭이 붙게 된 곳이 대부분이었다. 근래에는 유치원 초등학교를 더 잘 운영하고 있다는 의미로 교육도시라고 스스로 정의 내린 도시들도 생기고 있다. 따지고 보면 순천도 순천고등학교 덕분에 교육도시로 불리게 된 연원도 있다. 그러나 식상한 의미의 교육도시에서 나아가 전국에서 유일하게 도시 전체가 남승룡이라는 스토리텔링을 바탕으로 '참교육'을 실행하겠다고 하니 유명세를 탈 수밖에 없을 것이다. 이는 필연적으로 '순천'을 동경하는 학부모들이 나타나게 될 것이고 이주로 이어지게 될 것이다.

▶ 경제적 파급 효과

원피스의 도시

순천은 '미인(美人)의 도시'로 알려져 있다. '그들만의 리그'와 '전국적 유명세' 그 중간쯤 되는 도시의 정체성이라고 보면 맞을 듯하다. 순천 사람들과 광양 여수 보성 구례 고흥 곡성 전남 중부 동부지역 사람들은 대부분 알고 있는 도시의 별명이긴 하지만, 그 범위를 벗어나면 급격히 그 인지도는 떨어진다. 급기야 수도권에 와서는 고향이 남쪽인 사람들만 아는 문구가 되어버린다. 그런데도 순천 사람들은 미인의 도시에 대한 자부심이 생각보다 꽤 컸다. 아마 "순천 가서 인물 자랑하지 말라"는 지역에서 늘상 해오던 말 덕분이 아닌가 싶었다. 좋다 그럼 이걸 살리는 거다.

원피스는 비키니도 아니고 한복도 아니다. 정장도 아니고 배꼽티도 아니다. 레깅스도 아니고 롱패딩도 아니다. 적당히 몸매를 드러내고 적당히 우아하다. 섹시와 품격 사이 어디쯤 된다.

인도에 아내와 약간 긴 시간 여행을 갔었다. 도시들을 방문하는데 어떤 도시에서 아내는 옷을 샀다. 한국에서 가져간 편한 여행용 여름 옷만 입고 다니다가 인도 전통 의상 중에서 비교적 실용적인 옷을 샀다. 알고 보니 그곳은 펀잡이란 지역이었는데 '펀자비드레스'라는 실용 스타일 여성 옷의 본고장이었다. 아내는 펀잡을 떠나면서 본인 옷 하나 더, 선물용 두 개를 샀다. 저렴한 물가 덕에 경제적 부담은 별로 없었지만, 부피는 좀 신경 쓰였는데도 아무 말 못 했다.

'순천 미인들'에게 원피스를 입히는 거다. 원피스 입기 운동을 적당한 단체가 주도해서 벌이자. 취지를 충분히 공감한 시민 사회단체들을 비롯한 '순천 미인들'이 협조해 주리라 믿는다. 원피스의 도시에 관광 가면 원피스 한 벌씩은 사 오는 것이 예의고 문화가 되게 만드는 것이 목표다. 그러니 관련 산업이 일어날 것이고, 원피스의 거리가 만들어질 것이다. 원피스를 입고 다니는 여성이 많을수록 도시의 분위기는 타 도시와 완전히 차별화된다. 노파심에서 하는 말인데, 이건 여성의 상품화와는 거리가 멀다. 이미 도시의 정체성을 해당 주민들 스스로 미인의 도시로 정의 내리며 받아들이고 있기에 그렇다. 순천에 가면 가장 먼저 만나는 글자가 택시에 붙어 있는 '미인콜'이다. 콜택시 조합 이름이다.

시민들이 적극 협조해서 원피스 입은 고객에게 10% 할인해주는 식당, 커피숍 등이 늘어날수록 순천 '원피스 미인 도시' 이미지는 확고해질 것이다. 순천 미인들뿐 아니라 순천에 관광 오는 여성들도 원피스를 챙겨 올 것으로 예상한다. 적어도 순천에서 적당한 원피스 한 벌 장만하고 싶은 욕망이 생기리라. 똑똑한 산업 하나가 자리 잡게 될 것이다. 천안에 '호두과자'로 먹고 사는 사람이 수천 명이라는 사실을 안다면 진지해질 분들 많으리라 믿는다.

원피스가 상당히 여성스러운 의상이라는 점을 고려한다면, "순천은 선남선녀가 모이는 도시"로 암암리에 자리매김할 수도 있을 것이다. 여름 해수욕장처럼 선정적이지도 않고, 너무 노골적이지 않으면서도 매혹적인 이미지를 갖게 될 것이다.

지역발전의 종착역은 젊은 인구의 증가

경제적 파급 효과 중에서 가장 양질이면서도 바람직한 것은 인구 유입이다. 그리고 그중에서도 젊은 층의 인구 증가가 제일이다. 친환경과 정원의 도시 이미지로 젊은 층을 끌어당기고 있으니 여기에 '참교육'까지 더하면 상당한 시너지효과를 낼 수 있다고 확신한다. 다시 말하지만, 젊은 층의 인구 증가가 모든 지역발전과 관련된 개념 중에 절반 이상을 차지한다. 순천이 친환경과 참교육에 왜 다 걸어야 하는지 명확해졌을 것으로 믿는다.

친환경과 참교육은 은근히 통한다. 이미지가 겹친다. 사과와 배의 느낌이다. 전혀 다른 맛이고 생김새고 뭐고 다 다르지만, 세트로 부르는 것이 아주 자연스러운 조합이다. 이 둘을 동시에 컨셉으로 잡는다고 해서 무리가 될 것 같지 않다. 오히려 시너지가 날 것 같다.

> "가장 잘 적응한 개체 하나만 살아남고 나머지 모두가 제거되는 게 아니라, 가장 적응하지 못한 자 혹은 가장 운이 나쁜 자가 도태되고 충분히 훌륭한, 그래서 서로 손잡고 서로에게 다정한 개체들이 살아남는 것이다."
>
> - 〈다정한 것이 살아남는다〉 최재천의 추천의 글
> '손잡지 않고 살아남는 생명은 없다' 중에서 -

▶ 컨셉

1. 세계 최고가 될 수 있을까? ★★★★

국내 최고는 충분히 가능하다.

2. 지역민의 동참과 열정을 끌어낼 수 있을까? ★★★★

교육도시에 대한 순천 시민들의 기억이 강하다. 친환경은 매력적이다. 참교육과 친환경은 이미 순천 시민들 머리 속에 있다. 확실한 그림과 정의를 내려주면 삽시간에 자리 잡을 수 있다.

3. 경제적 파급효과는? ★★★★

당장 순천 시민들 손에 잡히는 경제적 풍요는 안 보일지도 모른다. 그런데 순천시 자체의 인구가 늘어난다. 그것도 젊은 층, 자녀 있는 가족이 이사 올 것이다.

▶가치창출과 브랜딩

1. 가치창출을 통한 지역적 자부심이 형성될 수 있을까? ★★★★

교육은 부모들의 영원한 최고 관심사다. 획일화된 서열 교육이 아닌 '참교육'은 순천 출신들을 다시 보게 될 것이다. 친환경 모범 도시, 선도도시라는 브랜딩은 대단한 가치다.

2. 젊은 사람들을 이사 오게 만들 수 있을까? ★★★

순천은 중소도시이면서 이사 와서 살 만한 각종 인프라를 이미 갖췄다. 거기에 교육과 친환경 깨끗하고 맑은 도시 이미지는 충분히 매력적이다.

역전(逆轉)의 도시 군산

전설의 시작
군산을 인생 역전(逆轉)의 도시로 브랜딩하라

• 지역적 자부심
• 경제적 파급 효과
• 컨셉
• 가치창출과 브랜딩

전설의 시작

1972년 7월 19일 황금사자기 고교야구 결승전 군산상고 vs 부산고등학교 경기가 벌어지고 있던 서울동대문운동장 야구장. 9회말 원 아웃 상황까지 이른 가운데 군산상고가 1:4로 뒤지고 있었다. 패색이 짙었다. 그런데 그 순간이 위대한 역사의 시작임을 예감한 이는 아무도 없었다.

볼 넷 두 개가 연속으로 나왔고 몸에 맞는 볼 안타 두 개로 순식간에 4:4가 되었다. 3번 타자 김준환의 결승타가 터지면서 그 유명한 '역전의 명수 군산상고' 전설이 완성되었다.

선수단은 전주 이리(익산) 군산을 오픈카로 카퍼레이드를 하는 영광을 누렸다. 고교야구 선수단이 올림픽도 아닌, 일본의 고시엔 급 위상도 아닌, 일개 신문사가 주최하는 야구대회에서 우승 좀 했다고 도청이 있는 전주와 인근 대도시 이리(익산)까지 사실상 전라북도를 휩쓸면서 카퍼레이드를 했다니 놀랍지 않은가? 당시 전라북도 사람들의 감격이 그 정도였다는 것을 짐작할 수 있는 이벤트였다.

1950년대 生부터 70년대 生까지의 군산 출신들은 그 시절 역전의 명수 군상을 자랑스럽게 여기지 않는 이들이 거의 없을 정도로 지역에 대한 기억의 중심이었다. 당시를 기억하는 사람들에 의하면, 군상경기가 있는 날엔 라디오밖에 없는 집이 대부분이었는데도 불구하고 거리에 전쟁 난 듯 사람이 정말 아무도 없었다고 회상한다.

마케도니아의 알렉산더대왕은 실패가 없었다. 인생에서도 전투에서도 모두 성공과 승리뿐이었다. 그런데 그가 그런 전무후무한 기록을 남길 수 있었던 결정적인 이유는 그가 빨리 죽었기 때문이다. 32세에 요절하지 않았더라면 그도 별수 없이 인생에서도, 전투에서도 실패의 쓴맛을 봐야 했을 것이다. 그걸 극복하고 다시 일어섰을까 아니면 주저앉았을까 하는 상상은 부질없는 짓이겠지만 그가 죽자마자 그가 10년간 이뤄 놓은 것들이 거의 한순간에 물거품이 되다시피 한 사실로 봤을 때 계속 승승장구하진 못했을 것이 확실하다.

알렉산더대왕을 제외한 모든 역사적 인물은 큰 성과를 거두기 전과 후에 여러 번의 좌절과 실패를 겪는다. 수 없이 실패하다가 딱 한 번 성공한 이들도 엄청나게 많다. 그러고 보면 매번 성공할 필요도 없는 것 같다. 결정적인 것 한 번이면 족한 경우가 많다. 배우자도 여러 번 잘 만날 필요 없지 않나. 한 번만 잘 하면 되지 않는가. 그걸 마지막 선택으로 만들면 될 것이고.

지금 대한민국은 실패와 재기 공화국이라고 해도 과언이 아니다. 2011년~2020년까지 파산과 개인회생을 신청한 숫자는 150만 건 정도 된다. 법인 기업의 회생과 파산도 16,000건에 이른다고 한다. 그냥 조용히 망하는 기업 숫자는 여기에 포함되어 있지 않다. 개인도 마찬가지다. 망하고 나서 성실하게 빚을 갚고 있는 사람도 150만 명 속에는 없다. 같은 기간 우리나라에서 폐업한 소상공인은 줄잡아 800만 명 정도 된다. 모두 망해서 폐업한 것은 아니더라도 너무나도 놀랍고 심각한 수준이다. 대한민국 인구가 5200만 명밖에 안 된다는 것을 고려하면 더더욱.

또 2011년부터 2020년까지 10년간 이혼 건수는 약 110만 건으로 220만 명이 이혼의 아픔을 겪었다. 10년의 통계이니 20년과 30년으로 기간을 늘리면 중복을 고려해도 400만 명 이상이 이혼을 경험한 셈이다. 이 이외에도 입시에 실패했거나 취업 실패, 실직의 경험 등은 또 오죽 많은가?

그런데 이 모든 수치보다 더 의미 있는 분류가 있다. "지금의 삶에 만족하십니까?"라는 질문에 "Yes!"라고 말할 수 있는 사람들의 비율이다. 과연 얼마나 될까? 인생 역전이라는 개념이 필요 없는 사람이 얼마나 될까?

군산을 인생 역전(逆轉)의 도시로 브랜딩하라

군산이라는 지역은 우리나라 역사상 최초로 대기업 자동차공장과 대기업 조선소가 거의 동시에 철수한 곳이다. 연관 산업 실업자만 수만 명이 한꺼번에 쏟아져 나왔던 도시다. IMF시절에도 없었던 일이었다. 도시가 침체라는 단어로는 부족할 정도로 맥없이 주저앉았다. 그

것이 2017년이었다. 최악의 상황으로 몇 년을 버텼다. 그냥 버티기만한 것이 아니고 군산은 새롭게 미래를 준비했다. 전화위복으로 삼기위해 민관이 지혜와 힘을 모았다.

대기업은 언제든 빠져나갈 수 있는 위험한 존재라는 것을 뼈저리게깨달은 군산의 선택은 강한 중소기업과 미래산업이었다. 새만금이란도약 꺼리가 있는 군산이었기에 중소기업 중심으로 산업을 재편하는데 탄력을 받을 수 있었다. 전기차 부품제조 공장들이 들어왔고 국내최초로 중고차수출복합단지를 추진해서 성사시켰다.

공교롭게도 군산시가 역점을 두고 미래산업으로 추진 중인 분야는모두 '역전'과 관계가 있다. 새만금에 추진중인 세계적인 신재생에너지 단지의 재생에너지라는 단어 자체가 기존의 에너지 생산 방식을 전면 바꾼다는 것 아닌가? 전기차도 마찬가지다. 기존 디젤 가솔린차를만들던 GM대우 공장을 중소기업 컨소시엄을 통해 친환경 전기차를제작하는 공장으로 변신시켰다. 국내 최초이자 정부의 지원을 받는 중고차수출복합단지는 우리나라 중고차를 수리 복원하여 해외로 수출하는 전초기지가 될 터이다. 군산의 산업이 부활 역전하는 셈이다.

나라 전체 차원이 IMF시기였다면, 도시 차원으로는 군산이 가장 바닥까지 떨어졌다가 비상(飛上)하고 있다. 도시와 함께 시민들의 인생도 역전하고 있다. 2021년 현재, 앞으로 군산에선 역전이 일상이 될것이다.

역전하고픈 자, 역전하려는 의지가 있는 자 군산으로 오라!

▶ 지역적 자부심

일개 지방 고등학교인 군산상고 말고 또 어떤 학교가 전국적인 높은 인지도의 별명을 갖고 있을까? 전혀 없다. 그래서 그 자부심이 50년이 지난 오늘날까지 그 학교의 정신으로 이어져 오고 있다. 1972년 7월 19일 역사적인 9회 말 역전을 이루고 황금사자기를 쟁취한 날부터 군산상고 야구부는 경기 시작 후 상대가 점수를 내도 조급하지가 않았단다. 언제든 우리는 역전할 수 있다고 선수들 모두 철석같이 신앙처럼 믿고 있었기 때문이었다. 반면 상대 선수들은 이기고 있으면 오히려 더 불안했다고 한다. 그리고 군상은 실제 그 후로도 결승전에서 몇 차례 역전 우승을 하게 된다.

인생을 살아가는 데 있어 가장 힘이 되는 것은, 나는 실패하지 않을 거라는 교만함이 아니다. 넘어질 수 있지만, 나에겐 다시 일어날 용기가 있다는 자신감이다.

"나 '군산'이야! 이쯤은 아무것도 아냐! 다시 일어난다. 두고 봐라. 나 군산에서 잔뼈 굵었다." 이런 말이 자연스러운 도시가 된다면 청소년, 청년들의 가슴속에도 자신감이란 단어가 더 강하게 자리 잡게 되지 않을까? 돈으로도 살 수 없는 지역적 자부심이 인생을 살아나갈 힘

으로도 연결될 수 있는 대단히 바람직한 현상이 군산에서 벌어질 것
이다.

▶ 경제적 파급효과

앞서 우리나라에 얼마나 많은 사람이 역전을 필요로 하는 인생을 살
고 있는지 객관적 수치로 입증했다. 이에 '역전의 도시'라는 개연성과
슬로건을 연결해서 시의 행정을 집중한다면 어떤 일이 벌어지겠는가?

한 번 넘어진 기업가들을 위한 재기 펀드를 조성하고, 정부와 함께
산업단지를 만들어 제공할 수 있을 것이다. 소상공인들을 위한 재기
부활 교육의 메카가 될 수 있을 것이다. 정부도 한 곳에 집약시켜 놓
으면 지원하기도 쉽고 관리하기도 편할 것이다. 정부 차원에서도 이
제 한 번 실패했다고 모든 금융지원 등을 다 끊어버리는 일이 잘하는
짓이 아님을 인식하게 되어 정책의 변화가 진행 중이다. 재취업 재교
육의 정보와 설명 실무 기회가 도시 전체에서 펼쳐질 것이다. 역전의
준비와 기회가 도시 전체에 퍼져 있으니 정부는 지원해줄 명분과 실
리가 충분하다. 인생 2막을 여는 사람들의 엘도라도가 된다.

실제로 카이스트엔 '실패연구소'라는 정식 부설 연구소가 있다.
이광형 총장의 지론과 철학이 반영된 것이라 한다. 이 총장에 따르
면, 첫 번째 창업에서 성공할 확률은 15%란다. 그런데 두 번째는

30~40%로 뛰고 세 번째 도전에서는 70%까지 육박한단다. 그러니 어찌 실패한 사람들을 더 우대하지 않을 수 있겠느냐고 반문한다. 단순하면서도 대단한 논리다.

첫 번째 시도에서 실패한 사람들 모두가 재도전에 나서는 것은 아니다. 첫 번째 도전에서 얻은 경험과 지식을 바탕으로, 또 때론 정신 수양과 인간 수양도 하고 나서 두 번째 창업하는 사람들이 성공 확률을 두 세배로 높이는 것이다. 거기에 '실패연구소', '역전의 명수' 역할의 묘미가 있는 것이다.

한편, 이혼했거나 실연의 아픔을 겪은 사람들이 군산에서 만나 새 인생을 펼치게 되는 그림을 그려볼 수도 있지 않을까? 이혼한 사람들의 경우 100:0으로 한쪽만 일방적으로 잘못한 경우는 거의 없다. 정도의 차이가 있을 뿐 대부분 양쪽 모두 잘못이 있다. 그건 부부가 아니더라도 모든 커플이 마찬가지일 것이다. 군산시에서는 그 점에 착안해 커플 교육에 집중하는 것을 연구하자. 한 번 실패한 사람들을 포함해서 모든 커플을 대상으로, 서로를 이해하고 배려하는 방법을 교육하는 것을 비롯한 좋은 아버지 모임, 사랑받는 아내 모임, 배려하는 남편 모임 같은 소모임을 적극적으로 지원하자.

인구가 늘 것이다. 그것도 젊은 인구가 는다. 새 출발을 하고 싶은 마음을 가진 사람은 나이에 관계 없이도 청춘이다. 군산에서 그 본격적인 장(場)이 펼쳐진다고 생각해보면, 군산은 '청춘'들의 도시가 될 것이다.

▶ 컨셉

1. 세계 최고가 될 수 있을까? ★★★★★

   적어도 국내 제일? 국내에서는 이 컨셉으로 따라올 만한 스토리텔링 있는 도시는 없다. 세계적으로도 '역전의 도시' 컨셉은 못 찾았다. 따라서 세계적으로 무언가 마케팅을 시도해 볼 만 하다.

2. 지역민의 동참과 열정을 끌어낼 수 있을까? ★★★★

   교육이 중요할 것이다. "나 군산이야! 나 다시 일어난다!" 어렸을 때부터 듣고 자라는 분위기. 인생에서 모든 사람은 어떤 종류든 실패를 경험한다. 그때 어떻게 대응하느냐가 나머지 인생을 좌우한다. 실패를 용인하는 문화, 다시 기회를 주는 문화가 자랑스러울 것이다.

3. 경제적 파급 효과는? ★★★★

   상상력과 아이디어에 달려있다. 재기(再起)를 컨셉으로 잡았으면, 그와 관계된 것을 얼마나 기가 막히게 창의적으로 만들 수 있을 것인가에 달렸다. 얼마나 많은 사람이 로또 복권에 목을 매고 있는가 생각해보면 '역전'과 '재기'라는 아이템의 파급력이 어느 정도인가 짐작할 수 있지 않을까?

▶ 가치창출과 브랜딩

1. 가치창출을 통한 지역적 자부심이 형성될 수 있을까? ★★★★★
   군산 사람들, 군산 출신들은 항상 자신감을 갖고 세상을 살아가는
   기분을 느낄 수 있을 것이다. 출신 고향의 브랜드 이미지 덕분에
   자신감을 갖게 되는 거의 유일한 사례 아닐까? '잘 나가다가 삼천
   포로 빠진다'라는 관용구의 정반대 효과가 날 테니까 자부심이 생
   기지 않을 수 없을 것이다.

2. 젊은 사람들이 이사 오게 만들 수 있을까? ★★★★
   미래에 대한 희망을 품고 다시 일어선다. 고생을 사서 하는 사람
   들 패기만으로는 부족함을 깨달으면서 배워가는 사람들 모두 젊
   은 청춘을 의미한다. 나이와 무관한 '청춘'들이 남·여 따로 입성할
   것이다.

목포! 지도를 거꾸로 돌려라

뒤집은 한반도 지도
태평양 인도양 동남아 최선봉 도시 목포
바다로! 목포의 영광이여 다시 한번!

• 지역적 자부심
• 경제적 파급 효과
• 컨셉
• 가치창출과 브랜딩

뒤집은 한반도 지도

발상의 전환이 소름 끼칠 때가 있다. 당연하게 생각했던 것들을 뒤집어 보는 순간 새로운 세상이 펼쳐질 수 있다. 파생되는 것들이 한둘이 아닐 수 있다는 것이다.

부산에서 군대 생활을 한 친구가, 우리의 적국(敵國)은 일본이므로 자신은 최전방에서 군대 생활을 한 것이라며 너스레를 떨었던 장면이 떠오른다. 그 친구의 발언에 진정성이 전혀 없진 않았던 것으로 기억한다. 듣던 나도 웃기만 했던 것은 아니었다. 발상이 신선하기도 했고, 진짜 그렇게 생각할 수도 있는 문제 아니냐고, 순간 복잡해지는 기분을 느껴서이기도 했다.

모든 것은 생각하기 나름이다는 영원한 진리가 있다. 목포가 태평양과 동남아 중국 진출에 최선봉 도시이자 전초기지라는 정의를 내리는 순간 많은 것이 새롭게 보일 수 있다. 남도 끝단에 있는 수산업 도시, 관광도시, 옛 명성은 있는 도시 정도에서 급격히 달라지는 위상을 각자의 머릿속에서 경험할 수 있을지 모른다.

같은 현상이라도 정의를 어떻게 내리느냐에 따라 파급효과가 달라질 수 있다. 2019년경부터 목포에서 벌어지는 여러 가지 긍정적인 일들에 대해 확실한 규정과 정의를 내려줌으로써 향후 지역에 파급효과를 획기적으로 키울 수 있다고 믿는다.

태평양 인도양 동남아 최선봉 도시 목포

부산이 전통적으로 큰 역할을 한 항구 도시가 된 것은 전적으로 일본과 최단거리였던 것에 기인한다. 고려 시대부터 일본과의 교역 등은 대부분 부산을 통해 왕래하면서 이루어졌다. 만약에 일본이 없었더라면 부산은 다른 위상이 되어 있을 것이다. 당시에 우리에게 해외란 일본밖에 없었고, 외국이란 중국뿐이었기 때문이다. 그런 시각이 불과 백 년 전까지 유지되었다. 그러다 우리나라의 조선과 해운이 비약적으로 발전하면서 부산과 그 일대가 조선 산업과 해상 물류의 근거지가 된 것이다. 50년 전 일이다. 덩달아서 다른 여러 가지 산업도 발달하게 되었던 것이고.

이제 목포 차례다. 중국은 육로로 다니지 않을 뿐 아니라 홍콩은 중국이 되었으며 대만도 다시 목소리를 내고 있다. 동남아시아 십여 개 국가들의 중요성은 이제 일본을 능가하기 시작했다. 경제적인 중요도는 말할 것도 없고 정치적으로도 비중이 날로 커지고 있다. 특히나 그들이 한류라는 거센 태풍을 자체 증폭시키고 있는 상황이다. 한국의 연예인과 드라마 음악에서 시작된 그들의 한국 사랑이 거의 전 분야에 걸쳐 영향을 미치고 있다. 우리나라를 이렇게 좋아한다는데 어찌 교역이 커지지 않을쏘냐. 그 최선봉에 목포가 있다.

바다로! 목포의 영광이여 다시 한번!

2021년 현재 목포는 역사상 최대의 변신을 꾀하고 있다. 우선 친환경선박클러스터 조성에 박차를 가하고 있다. 조선산업에도 새바람이 불 것으로 예상한다. 목포가 친환경 선박 분야에 먼저 깃발을 꽂고 있다. 성장 가능성이 상당히 커 보인다. 전기차 시대가 열리고 있다. 향후 15년 정도 후면 액체 연료 자동차는 더 만들지 않으리라고 내다본다. 그에 발맞춰서 선박 분야도 비슷한 전망을 하는 것은 무리가 없어 보인다. 지금까지 없던 새로운 분야다. 친환경을 내세운 선박 산업 분야를 목포가 선점하고 있다. 목포의 이미지와 정체성이 친환경 선박 산업 도시가 될지도 모른다. 파급력이 상당하리라고 조심스레 전망한다.

이에 어울리는 일이 또 진행되고 있다. 해양경찰 서부정비창을 목포가 유치했다. 부산에 하나밖에 없었는데, 목포에 부산 정비창보다 훨씬 큰 규모로 조성한다. 그 자체로써 목포 경제에 꽤나 도움을 줄 만한 효과를 낼 것이다. 그런데 친환경선박클러스터와 시너지가 날 것이라는 점이 더 커 보인다. 이것도 2023년 본격 운영에 들어갈 예정이다.

수산식품수출단지도 조성한다. 2022년 하반기에 완공 예정이다. 이것도 목포가 해양으로 뻗어 나가는 최선봉에 서는데 한 몫 단단히 할 것이다. 이미 목포는 전국 최대의 수산물 집결지다. 그동안 그것을 가공할 인프라가 없어서 원물(原物) 형태로 유통하고 있었다. 당연히 부가가치가 낮을 수밖에 없었는데 2022년부터는 획기적인 개선이 이루어질 것이고, 이는 목포의 새로운 정체성을 확립하는 데 큰 역할을 할 것이다. 우리나라 수산물의 경쟁력은 가공 기술에서 나온다. 완도가 주산지인 김은 세계적인 식품으로 성장해가고 있고 그 뒤를 이을 품목들이 십여 가지다. 관련 기업들의 입주 및 창업이 붐을 이룰 것이다. 특히 비대면 택배가 일상화되면서 수산 가공식품 시장도 자연스레 커졌다.

서남해안에 조성할 풍력 발전 단지는 세계 최대 규모라고 한다. 무려 48조 원을 투입해 신안에 8.2GW 규모의 풍력 발전 단지를 조성할 예정인데 목포 일원에 관련 산업 클러스터가 조성될 예정이다. 해양수산부 발표 기준 예상 일자리만 12만 개라니 믿어지지 않는 수준이다. 2030년까지 프로젝트가 완성되면 서울과 인천에서 1년간 쓰는 전기가 만들어질 거란다. 일자리 12만 개가 이해가 간다. 원자력발전소 8개 가동하는 효과란다. 이것 하나만으로도 목포 일대는 천지가 개벽할 것이다. 터빈, 타워 등 핵심부품 기업 40개사 유치 및 조선, 기계 등 연관 지역기업 410개사 육성으로 글로벌 수준의 해상풍력 산업 생태계가 조성될 예정이기 때문이다. 세계풍력에너지협의회의 보고서에 따르면 해상풍력의 경우 1MW당 일자리는 17.29개가 창출된다고 한다. 그 연구가 맞는다면 목포·신안에는 무려 141,778개의 질 좋은 일자리가 만들어진다는 의미다. 실제로 세계풍력에너지협의회는 "풍력산업은 질 좋고 장기적인 일자리를 창출할 뿐만 아니라 다양한 산업 기회를 통해 지역사회를 되살린 전력이 있다."며 "코로나로 인한 경제적 타격에서 벗어나고 일자리 창출하려면 풍력 분야를 핵심 산업으로 봐야 한다." 이렇게 보고서에 쓰고 있다.

목포-제주 해저터널이 뚫린다. 아직 공식 발표는 하지 않았다. 그러나 시간 문제로 본다. 제주 제2공항 건설이 무산될 가능성이 무척 커졌기 때문이다. 2021년 10월 현재 사실상 제주 제2공항은 추진력을 거의 상실했다. 그렇다면 대안은 오직 하나 목포-제주 해저터널뿐이다. 이것도 목포의 정체성 확립에 큰 도움을 주게 만들 수 있다고 믿는다. 지도를 거꾸로 돌리면, 제주에 내려가는 것이 아니라 목포에서 바다로 뻗어 나가는 그림으로 퍼즐이 딱 들어맞기 때문이다.

▶ 지역적 자부심

목포는 일제 강점기에 전국에서 손꼽히는 도시였다. 그러나 근현대사에서 가장 정치적 핍박을 많이 받았고 그것이 직접적 원인이 되어 지금의 쪼그라든 모습이 되었다. 그런데 그 목포가 이제 옛 명성과 위상을 되찾아가기 시작한다.

친환경선박클러스터, 수산식품수출단지, 신안앞바다 세계최대규모 해상풍력단지, 해경서부정비창. 이 모든 것들이 2021년 착공했다. 2022년 하반기부터 2030년까지 완성된다. 목포는 2022년부터 약 10년에 걸쳐 전국에서 가장 비약적인 발전을 하는 도시가 될 것이다. 주민들 삶의 질도 상당히 올라갈 것이며 목포에 사는 것이 자랑스럽게 될 것이다.

목포는, 스스로를 로마에 비유하면서 "목포의 영광이여! 다시 한번"이라고 외칠 것이다. 스토리텔링도 가능하다. 전국에서 돈과 인재와 젊은이들이 몰려들 것이다.

▶ 경제적 파급 효과

2021년에 시작하고 있는 목포 미래 비전 빅4로 인해 직접 고용만도 현재의 목포 인구에 비해서는 대단하리라. 그런데 목포가 지도를 거꾸로 돌려 보자는 슬로건 아래 해양 산업의 비전을 천명하면 연관 산업들의 입성이 뒤따를 것이다. 이것이 궁극적으로 노리는 바다.

목포-제주 해저터널은 16년간 16조원의 건설비가 투입되는 대역사(大役事)다. 시간이 흘러가면서 건설비는 더 늘어날 것이다. 목포가 중심이 될 수밖에 없다.

목포는 신안군과 합쳐질 가능성이 매우 크다. 신안군과 합쳐지면 신안군 출신들의 고향이 목포가 된다. 목포는 1980년대까지만 해도 전남에서 가장 인구가 많았으며 신안군도 순위 안에 들었다. 고향이 목포와 신안인 출향민들에게 목포가 비약적으로 발전하고 있다는 소식은 설렘을 주기에 충분하리라. 이들이 고향으로 돌아오게 될 것이다.

목포시는 전국 지자체 슬로건 중에서 가장 눈에 띄는 모토 "지도를 뒤집자"는 캠페인만 줄기차게 하자. 분명 큰 효과가 있으리라. 슬로건 내용도 그렇고 일자리 질도 그렇고 젊은 사람들이 모여들게 될 테니 가장 바람직한 도시 발전의 모습을 갖추게 되리라.

이 책을 쓰면서 도시별 자료 조사를 많이 했다. 십여 개 도시를 집중적으로 조사했는데, 그중에서 객관적으로 목포의 발전상이 가장 손에 잡혔다. 특히 먼 미래가 아니라 2021년에 막 시작하는 사업 하나하나가 모두 목포의 미래에 큰 영향을 미칠만한 것들이었다. 그리고 그 모든 것들이 바다와 관계있는 것이었다. 컨셉이 자연스레 정해졌다. 관광거점도시로 2020년 선정되어 5년간 1천억원이 투입된다는 소식도 있긴 했다. 그러나 그것도 관광을 따로 놀게 하지 말고 '바다로! 목포의 영광이여 다시 한번!'이라는 컨셉에 포함되는 방향으로 가야 한다고 본다.

▶ 컨셉

1. 세계 최고가 될 수 있는가? ★★★★

   적어도 국내 제일? 국내에서 '목포의 영광이여 다시 한번!'에 필적할 만한 도시가 없진 않다. 그러나 Big4의 확실한 모멘텀을 갖고 도약을 시작한 도시는 없는 것으로 파악했다. 따라서 국내 유일한 컨셉으로, 기치를 높이 들 수 있을 것이다.

2. 지역민의 동참과 열정을 끌어낼 수 있을까? ★★★★

   목포는 일제 강점기까지만 해도 전국에서 손꼽히는 도시였다. 그걸 모르는 목포사람들은 없다. '바다로! 목포의 영광이여 다시 한번!'이라는 컨셉 아래 행해지는 실체가 분명하고 경제적 효과가 큰 사업들을 보면서 자부심을 갖게 되리라. 출향민들에게 귀향을 촉구하게 될 것이다. 일자리가 넘쳐난다고.

3. 경제적 파급효과는? ★★★★★

   특히 서남해안풍력발전단지 사업은 그 규모가 상상을 넘어설 수도 있다. 미래는 에너지 시대가 될 수 있다. 화석연료가 바닥을 드러내는데 그리 오래 걸리지 않을 것이고, 있다고 해도 탄소 배출등의 문제가 커졌다. 결국 친환경에너지인데 풍력만큼 깔끔하고 잠재력이 큰 것이 별로 없다. 친환경선박클러스터, 친환경에너지, 수산식품가공산업 모두 목포의 영광을 재현시킬 주역들이다. 기업과 일자리가 넘쳐날 것이 확실시 된다.

▶ 가치창출과 브랜딩

1. 가치창출을 통한 지역적 자부심이 형성될 수 있을까? ★★★★★

   호남이 낙후된 가장 큰 이유는 정치적 차별 때문이다. 그 복판에 목포가 있었다. 그런데 이제 그 박해의 상징처럼 되어버린 목포가 비상(飛上)을 하는데 가슴 벅찰 사람들 많으리라고 본다. 다만 관이 주도해서 단순히 도시가 커지고 발전하는 것만은 아니라는 것을 홍보해야 한다고 본다.

2. 젊은 사람들을 이사 오게 만들 수 있을 것인가? ★★★★★

   일자리에다 자부심이 도시에 출렁대는데 도시가 활력을 갖지 않을 수 없을 것이다. 일자리 때문에라도 이사 오겠지만 출향민들과 그 자손들을 중심으로 귀향 행렬이 이어질 것이다. 목포·신안의 주변 해남 무안 영광 함평 진도 완도 출신들도 큰 관심을 보일 것이다. 이들만 백만 명이 넘는다. 단순히 일자리를 찾아서 오는 것이 아니라 '목포의 영광'에 동참하고 싶어서 오는 것으로 명분을 만들자.

세계 최고의 사랑 도시 남원

판소리 여섯 마당

줄리엣과 춘향이

변강쇠와 옹녀

흥부와 놀부

남원은 홀수다

· 지역적 자부심

· 경제적 파급 효과

· 컨셉

· 가치창출과 브랜딩

판소리 여섯 마당

심청가 수궁가 적벽가 흥부가 춘향가 변강쇠타령
구한말 신재효 선생이 정리한 판소리 여섯 마당이다.

이 중에서 작품의 주 무대가 되는 지역의 명칭이 정확히 나와 있는
작품은 넷이다. 흥부가, 춘향가, 변강쇠타령, 적벽가다. 그중 적벽가
는 중국의 적벽대전을 노래한 것이니 우리나라 것은 아니라고 보고
나머지 셋을 주목한다. 놀랍게도 흥부가, 심청가, 변강쇠타령의 배경
지역이 모두 남원이다.

서편제라는 영화가 빅히트를 했었다. 그때 알았다. 서편제 말고 동
편제도 있는데 그건 경상도를 의미하는 것이 아니라 전라도의 동쪽
남원 인근 지방을 가리킨다는 것을. 남원은 국악의 중심이자 전통문
화의 본고장이라고 자신 있게 천명해야 한다. 그럴 자격은 당연하고,
의무도 있음을 새겨봐야 한다.

춘향전, 흥부전, 변강쇠전이다.
이보다 전통 관련 창작 소재로 좋은 것이 얼마나 될까? 파도 파도
끝이 없는, 그야말로 무궁무진한 보물창고다. 어떤 도시도 이보다 좋
은 무형 문화유산을 받지 못했다. 남원! 세계적인 문화도시로 나아가
지 못하고 있는 현실이 안타깝다.

줄리엣과 춘향이

서양의 대표적인 사랑 이야기 〈로미오와 줄리엣〉, 그리고 한국의 〈춘향전〉 이 둘을 비교해 보겠다.

공통점

소설이다.
작가에게 영감을 준 비슷한 실화가 있다.
이팔청춘의 사랑 이야기다. (주인공 넷의 나이가 거의 같다)
지역명이 뚜렷이 기록되어있다.
같은 제목의 영화 연극 뮤지컬 오페라 등이 수없이 만들어졌다.
판소리와 오페라의 본고장이 주 무대다.

다른 점

희극과 비극
셰익스피어와 익명 작가
배경이 동양과 서양
남녀 주인공의 신분 차이
주인공 이외에 비중 있는 조연급의 유무
해학과 풍자의 유무
시대 비판과 철학의 유무

결혼식은 신랑과 신부가 부부의 연을 맺는 날이기에 두 사람이 똑같은 비중으로 스포트라이트를 받는다. 이 말에 동의하시는가? 어림도 없는 말이다. 결혼식의 One Top 주인공은 신부다. 예나 지금이나 동양이나 서양이나 모두 똑같다. 줄리엣과 춘향이를 중심으로 스토리와 사업을 펼쳐야 하는 이유이자 근거다.

춘향이와 줄리엣을 중심에 놓고 사업을 구상해 보자. 오페라와 판소리라는 기막힌 전통문화가 있다. 이 둘을 바꿔 해보는 거다. 춘향전을 오페라로 만들고 로미오와 줄리엣을 판소리로 만들어 보는 거다. 새로운 시도들을 해보는 거다. '로미오와 줄리엣'을 해피엔딩으로도 만들어 보고 춘향전을 비극으로 각색하는 용기를 내보자. 로미오와 줄리엣 사이에 방자와 향단이가 등장하고 춘향전에서 이몽룡의 달빛 세레나데도 넣는 거다.

이탈리아의 베로나는 나름 오래된 역사와 전통의 도시다. 중세 건축물이 즐비하고 고풍스러운 거리가 많아 운치를 더해준다. 그런데 베로나는 '로미오와 줄리엣'의 배경 도시로 훨씬 더 유명하다. 줄리엣의 창문 아래에서 사진 안 찍는 사람 없다. 줄리엣 창문이라고 공식적으로 정해 놓은 이층집 창문도 있다. 셰익스피어는 베로나에 가 본 적도 없었다는데 소설 속에 한 줄 등장한 창문을 이런저런 근거 아닌 근거를 바탕으로 시(市)에서 지정했다. "여기가 줄리엣 창문이니 여기서 사진 찍으시오"라고.

이탈리아의 베로나는 이 정도로 '줄리엣 마케팅'을 한다. 문학성을 제외하고는 별로 끄집어낼 소재가 없는 〈로미오와 줄리엣〉에서 '줄리엣 창문' 같은 가공의 것을 현실에 만들어내기까지 한다. 그것도 관청이 나서서 공식적으로 지정까지 해버렸다. 여기서 줄리엣이 로미오가 부르는 사랑의 세레나데를 들었으니 이리와 사진 찍으라고. 그에 비하면 남원은 너무 수줍고 내성적 아닌가? 춘향전의 작가는 고맙게도 남원이라는 지명과 더불어 광한루며 그네며 단오날이며 관아며 암행어사 출두며 수청 거절에 하옥에 감동의 재회까지 수많은 '꺼리'를 담아 놓았다. 그런데도 그 활용도가 너무 낮다.

베로나와 적극적인 교류와 협력을 통해 공동마케팅을 해야 한다. 한국과 이탈리아는 인구와 경제력, 문화국의 자부심, 다혈질적 민족성, 반도의 국토 지형, 매운 것을 좋아하는 입맛까지 대단히 많은 부분에서 닮았다. 남원과 베로나가 상징적으로 자매결연 맺고 서로 상승효과를 노리는 도시 마케팅이 충분히 가능하다고 본다.

변강쇠와 옹녀

예전엔 이런 다소 민망한 주제를 정부나 자치단체가 나서서 적극적으로 활용하는 일은 거의 없었다. 더 거슬러 올라가면 상상도 하기 힘든 일이었다. 그러나 우리 모두 알고 있듯이 이젠 시대가 완전히 바뀌었다.

작가는 변강쇠와 옹녀의 주 활동 장소를 남원 산내면으로 콕 집어 놓았다. 아마 익명의 작가들이 죄다 판소리와 관련이 있었던 사람들이라서 남원을 배경으로 하지 않았나 추측할 뿐이다. 경남 함양도 변강쇠의 고향이라고 나와 있으니 변강쇠 권리를 주장할 수도 있으나 남원에 속칭 변강쇠계곡이 있고 그 안에 옹녀를 연상시키는 음양바위, 수태바위 그리고 변강쇠바위까지 있는 것으로 봐서 남원이나 함양이나 싸울 필요 없다고 본다. 그리고 작가가 옹녀의 고향을 평안도 월경촌으로 지정해 놓은 것으로 봐서 구체적인 지명은 어차피 허구다. 월경이란 이름에서 느낌이 오지 않는가. 평안도에 그런 이름은 없단다.

변강쇠와 옹녀라는 이름이자 상징은 민망·음란에서 재미로 바뀌었다. 이걸 캐릭터 삼아 성기능 식품이나 관광상품으로 만드는 것은 기본적인 스텝이다. 두세 발짝 더 나아가야 한다.

해외에도 성(性)을 주제로 한 테마파크 같은 것들이 많다. 세계 여러 나라의 성 문화를 모아 보고 이를 밝게 표현해 보자. 음침하게 가지 않고 재밌고 귀엽게 표현해 보자. 모든 것의 컨셉을 성인용이되 '12세 관람가' 정도로. 마치 어른이 읽는 동화 같은 이미지다. 기간을 정해 놓고 남원 전체가 참여하는 성(性)관련 행사를 열어보자. 그런데 재밌고 밝다. 음 자 여기까지. 더 이상의 언급은 영감을 방해할 것 같다.

한편, 변강쇠와 옹녀를 현대적으로 재해석하려는 시도가 공연계에 없진 않은 것으로 알고 있다. 이를 발전시켜서 연극 판소리 상설공연하는 것을 추진해 보시라. 특히 옹녀를 주체적이고 당당한 현대적인 여성상으로 그리는 작품을 기획해 보는 것은 의미가 있지 않을까? 남원의 대표 공연이 될 수도 있다고 본다. 내친김에 춘향전과 가루지기전을 섞어 보는 것은 어떨까? 뭐 어떤가? 전부 남원에서 이루어진 일이고 어차피 다 소설인데. 춘향이가 한양 간 이도령을 기다리다가 향단이랑 놀러 나갔는데 나무하던 변강쇠를 만난다든가. 그런데 춘향이는 절개를 지키고 향단이가 그만... 알고 보니 향단이는 평안도 출신으로 전국을 떠돌다 월매네 주막에서 몇 년째 알바 하던 옹녀였던 것이다. 뭐 이런 식으로. 그럼 방자도?

흥부와 놀부

두 사람의 성(姓)은 연(燕)씨다. 제비 연(燕), 잔치 연(燕)이다. 그리하여 연흥부, 연놀부다. 벌써 느낌이 왔는가? 박씨를 물어와서 소설의 핵심을 이루는 권선징악 이야기의 뼈대를 만든 것이 제비임은 다 이유가 있었던 것이다.

〈이솝우화〉에서 가장 유명한 이야기는 단연 '토끼와 거북이'다. 인류 역사상 성실이란 개념은 늘 중요하게 교육돼야 했고 그 반대되는 교만은 배격되어야 했기에 어떤 시대 어떤 나라에서건 토끼와 거북이 우화는 적극적으로 받아들여졌다.

〈흥부와 놀부〉 소설도 비슷한 느낌이랄 수 있지 않나? 부모 마음에서 형제간의 우애만큼 아름다운 가치는 없다. 그런 의미에서 흥부 놀부 이야기를 중심으로 교훈적인 테마들을 연결해보는 거다. 자신밖에 모르는 욕심쟁이의 말로(末路)라든가 현재 어려워도 더 어려운 사람들을 돕는 것에 대한 칭찬과 보상. 이런 것들을 잘 버무려보자. 뭐가 나올 것 같지 않은가? 어른동화도 어울리는 주제라고 본다.

그뿐만 아니다. 놀부를 재해석하는 것도 의미가 있으리라. 부(富)를 향한 적극적인 노력이 돋보인다고 볼 수 있는 캐릭터다. 정의 내리기 나름이다. 흥부도 착한 것은 좋은데 10여 명의 자식을 대책 없이 낳은 것에 대해서는 짚고 넘어갈 일일 수도 있다. 게다가 열심히 일한다는 대목은 거의 없고 전라도 방방곡곡을 돌아다니며 구걸하는 일이 직업이다. 한마디로 거지다. 시각을 달리하고 재밌고 의미 있게 현대적으로 재해석하면, 풀어볼 수 있는 여지가 많다고 믿는다. 그것을 지역경제와 연계시킬 아이디어를 내야 한다.

남원은 홀수다

삼월 삼짓날 흥부전 제비가 박씨 물고 온 날
오월 단오날 이몽룡과 춘향이가 처음 만난 날
칠월 칠석날 이몽룡과 춘향이가 다시 만난 날
구월 구일 중양절 양기가 센 날, 변웅 커플의 날

각각의 날짜 전후로 10일 정도 세계적인 사랑의 도시 남원으로 탈바꿈하자. 단순한 축제가 아니다. 그 기간엔 해당 주제에 맞는 이미지로 남원 전체가 변하는 거다.

　3월 3일엔 박애주의(博愛主義) 사랑의 도시로 변한다. 착한 사람들이 대상이다. 착한 일을 하는 사람들을 정의 내리고 초대하라. 간호사들 별명이 백의의 천사 아니었던가? 사랑의 열매, 대한적십자사 등등 우리나라에 착한 일 하는 사람들 아주 많다.

　5월 5일과 7월 7일엔 청춘 남녀 사랑의 도시다. 5월 5일엔 만나고 7월 7일엔 약속을 지킨다.

　9월 9일엔 부부의 사랑, 중년의 사랑이다.

　해당 기간엔 각각의 주제와 걸맞은 기막힌 공연들이 시내 곳곳에서 열린다. 재해석된 작품들과 원작에 충실한 작품, 수준 높은 작품부터 아마추어 작품까지. 주제에 맞는 길거리 공연이 시내 곳곳에서 펼쳐진다. 베로나시와 협력해서 시너지를 내는 것도 잊지 말자.

▶ 지역적 자부심

앞으로 올 AI 세상에서 인간은 인간다움에 대한 고민에 빠질 것이다. 무엇이 인간다운 삶인가에 대한 사회적 혼란, 개인적 방황이 엉킬 것이다. 이때 사랑을 비롯한 인간 본성과 관계된 주제들이 더 주목을 받을 것이라 믿는다. 먹고 마시는 물질적 풍요와 즐기는 일에 인간들은 시간을 쓰겠지만, 가장 근본적 본능인 남녀 간의 사랑에 초점이 맞춰질 것으로 본다.

'세계적인 사랑 도시'라는 것을 이뤄낸다면 그 자부심은 하늘을 찌르지 않을까?

▶ 경제적 파급 효과

음력 3월 3일은 흥부가 박을 타서 금은보화를 얻어서 잔치를 벌인 날이다. 이날을 기점으로 10일간 남원에서 무엇을 벌일 것인가에 대한 아이디어를 공모하라.

흥부가 제비 다리를 고쳐준 것에서 힌트를 얻어 동물애호가들, 반려동물 키우는 사람들, 수의사들, 수의대 학생들 이런 사람들을 타겟 삼아 남원에서 대잔치를 벌이는 것은 어떤가. 사료회사 임직원들, 종자회사 행사 등등 남원이 이들에게 각별한 유대감을 표하는 거다. 더 나아가 착한 사람들을 정의 내리고 상도 주자. 이유가 그럴싸하면 파급 효과까지 나게 마련이다.

남원시 차원에서 초청한 '제비'와 '박'에 관계된 분들에게는 뭔가 선물을 주자. 사회를 따뜻하게 해주시는 분들에게 감사하다는 표현이라고 하자. 실제로 그렇게 생각할 수도 있지 않은가? 유기견들을 보살피고 입양 보내는 일을 하는 분들이라든가 수의사들과 간호사들 모두 칭찬 받을 만하다. 종자산업과 사료산업 관계 회사들에게도 적당한 인사를 하자. 나중에 이분들이 귀농 귀촌을 생각할 때, 혹은 공장 이전을 생각할 때 남원을 떠올리지 않을 수 있겠는가?

참고로 광주광역시는 1999년부터 광산업을 키웠고 지금도 광주시 경제의 한 축을 담당하고 있다. 그런데 광주시가 광산업을 키우기 시작한 유래가 재밌다. 광주과기원의 백운출 교수가 광산업을 지역 특화 산업으로 만들어야 한다고 제안한 지 몇 년이 지난 후 광주시는 IMF 위기 극복 '광산업 육성 프로젝트'를 시작하게 되었다. 그런데 광주시의 결정에는 광산업의 광(光)과 광주시의 광(光)이 같은 글자라는 이유가 컸다고 한다. 다른 도시들도 그렇게 인정하는지 지금도 전국에서 광산업을 지역 특화 산업으로 자리매김한 도시는 光州市가 유일하다.

감(感)이 오시는가? 뭔가 '꺼리'가 있다면 그걸 최대한 활용해야 한다. 심지어 농담이나 장난으로 시작했다가 판이 커지는 경우는 모든 분야에서 찾아볼 수 있다. 스토리텔링까지 받쳐주는데 못할 일이 무엇이겠는가. 지역을 먹여 살리는 산업이 하나 일어날 수도 있다.

음력 5월 5일은 춘향이와 이몽룡이 처음 만난 날이다. 춘향이와 이몽룡은 처음 만난 날 밤에 초야를 치른다. 춘향전 본문에는 이몽룡과 성춘향의 노골적인 성관계 묘사가 많이 나온다. 그런데 그것이 전혀 상스럽지 않다. 오히려 문학적인 표현이 대부분이다. 찾아서 읽어보시라. 기가 막힌다. 여기서 힌트를 얻어 뭔가 전통으로 이어질 행사를 만들어 봄은 어떨까 생각해본다.

또 있다. 그네 활용이다. 생각보다 아주 많은 종류의 그네가 있다고 알고 있다. 항상 부족한 것은 아이디어고 창의력이다. 판을 깔고 예산을 만들면 극복할 수 있다고 확신한다. '그네 동산'을 만들고 그 안에 그네가 수십 종류 수백 개가 있다고 생각해 보자. 춘향이 그네를 비롯한 이름을 붙일 만한 그네들이 어디 한두 가지인가. 그리고 이 역시 판이 커지기 시작하면, 그네가 널뛰기로, 서커스로 뻗어 나갈 것이다.

춘향이와 줄리엣이라는 동서양의 만남을 통해 시너지를 일으키는 것만으로도 큰 경제적 파급효과를 낼 수 있을 것이다. 그러나 춘향전의 깊이 있는 내용만을 가지고도 문학적이면서도 밝은 기운의 사랑 도시를 표현할 수 있지 않을까? 이미 춘향전은 영문판, 일본, 중국, 프랑스, 베트남, 러시아, 모나코 등 세계 여러 나라에서 번역 각색 출간되었다. 적어도 우리나라에서는 춘향전과 비교할 수 있는 수준의 고전 소설은 없다. 대중성과 문학성, 시대상 반영, 풍자, 해학, 사상, 철학, 구성 등등. 로미오와 줄리엣보다 훨씬 낫다. 전혀 기죽을 것 없다고 본다. 개인적으로는 세계 최고 수준이라고 생각한다.

2002년 노벨연구소가 세계 최고의 작가 100인을 대상으로 벌인 설문조사에서 '문학 역사상 가장 위대한 소설'로 선정된 책은 세르반테스의 〈돈키호테〉다. 그 소식을 듣고 새로 출판된 1700페이지짜리 책을 사서 보았다. 당연히 좋았다. 그런데 춘향전 원문을 읽어보니 〈돈키호테〉와는 다른 차원의 매력이 있고 전체적인 퀄러티도 뒤처지지 않는다고 생각할 수밖에 없었다. 마침 두 책은 거의 비슷한 시기에 씌여졌다. 〈로미오와 줄리엣〉도 있지만, 〈돈키호테〉와도 뭔가 이어질 수 있을 것같다.

내가 이렇게 〈춘향전〉을 높이 치켜세우는 이유는 이 '위대한 소설'이 심하게 저평가되어 있다고 생각하기 때문이다. 이 책을 지은 것이 확실시되는 조경남은 남원의 지역 양반으로 임진왜란과 병자호란 때 의병장으로 활약하시는 등 훌륭한 업적을 남기신 분이다. 게다가 성이성이란 암행어사가 실제 이몽룡의 모델이라는 주장도 충분한 설득력을 가진다. 성이성은 조경남의 제자이기도 하고, 조경남은 저 유명한 '금준미주는 천인혈(金樽美酒千人血)'로 시작하는 엄청난 시조를 지은 장본인이기도 하다. 이런 스토리들을 엮어야 한다. 세계적으로도 이런 기막힌 러브스토리가 또 있겠는가. 실화에서 성이성은 남원부사 아버지를 따라 남원에 왔을 때 사귀었던 기생과 이루어지지 못

했다. 세월이 흘러 암행어사가 되어 내려와 그 기생을 찾았으나 이미 죽었다고 듣게 된다. 이 정도의 실화 바탕만으로도 얼마나 많은 창작이 이루어질 수 있겠는가. 또 얼마나 많은 관광객이 찾아오겠는가. 헤밍웨이가 쿠바 관광 산업에 미치는 영향력을 안다면, 남원시는 좀 더 심각해져야 하지 않을까?

정력에 좋은 것이 피부에도 좋다

변강쇠는 뭐니 뭐니 해도 정력적인 남성의 상징이다. 옹녀는 음기가 쎈 여자의 대명사가 되었다. 옹녀가 모르긴 몰라도 피부도 곱지 않았을까?

남원은 지리산의 중심이다. 지리산은 약재와 나물 등 산에서 나는 거의 모든 것이 있다. 한의학적 시각으로 보면, 정력에 좋은 재료들이 널렸다. 그런데 재밌는 것은 정력에 좋은 재료들은 여자들 피부에도 좋다는 사실이다. 섬진강을 끼고 있으니 민물에서 나는 정력과 피부에 좋은 식재료들도 꽤 있을 것이다. 이런 음식들을 정력에 좋은 남성용, 피부에 좋은 여성용으로 개발해서 시내 전역에서 제공하자. 남자비빔밥 여성비빔밥 이런 식으로.

적당한 레시피를 개발해서 비빔밥과 탕 종류로 간단하게 메뉴를 만들어 웬만한 한식당들에 한꺼번에 재료를 납품해주자. 한식당이 아니더라도 원하는 식당들에 몇 가지 핵심적인 재료들만 납품해주자. 일 년 내내 하는 식당도 있겠지만 중양절 한 달 정도 기간에는 남원 시내 가능한 한 최대한 많은 식당에서 취급할 수 있게 하자. 손님들이 그걸 많이 찾으면 식당들이 관심을 갖지 않을 수 없을 것이고 시청에서 적극적으로 장려하면 활성화되지 않을까?

 전 세계적 명성을 얻을 수도 있는 아이템이다. 정력에 좋은 남성용과 피부에 좋은 여성용 식사를 약 한 달에 걸쳐 시내 전역 백여 개 식당에서 판매한다니. 우리나라 내에서 알려지는 것은 순식간일 것이고 자리 잡게 되면 해외 방송에도 수없이 나올 아이템이다.

 서두에도 말했듯이 남원은 너무 가진 것이 많은 데 정작 거의 활용을 못 하는 것 같다. 영화 〈슈퍼맨〉에서 슈퍼맨이 자신의 능력을 깨닫기 전에는 평범한 청년이었던 설정을 생각나게 한다. 남원만 떠올리면, 슈퍼맨이 일반인처럼 사는 것을 보는 것 같은 안타까움이 있다. 슈퍼맨의 능력을 갖고도 조용히 평범하게 살고 싶다면 어쩔 수 없지만.... 그럼 지구는 누가 구하나?

▶ 컨셉

1. 세계 최고가 될 수 있을까? ★★★★★
 당연하다. 이탈리아의 베로나와 동반 정상에 오를 수 있다고 본다.

아니 단독으로 세계 최고가 될 수 있다고 믿는다.

2. 지역민의 동참과 열정을 끌어낼 수 있을까? ★★★★

사랑의 테마다. 춘향전에 대한 자부심을 줄리엣의 고장과 연계해서 더 고양시킬 수 있다고 본다. 세계 제일이 되어 가는데 어찌 동참하지 않겠는가. 뿐만아니라, 흥부전과 변강쇠타령을 바탕으로한 지역 정체성에도 충분히 공감하고 참여할 것이다.

3. 경제적 파급효과는? ★★★★

경제적 풍요로 이어질 가능성이 매우 크다. 세계적 사랑 도시라는타이틀은 얻기만 한다면 여러 가지 문화산업으로 이어질 것이다.관광객 폭발적 증가와 문화산업 관련 일자리 창출은 떼어 놓은 당상이다.

▶ 가치창출과 브랜딩

1. 가치창출을 통한 지역적 자부심이 형성될 수 있을까? ★★★★

사랑이란 단어만큼 다양하면서도 좋은 이미지를 가진 단어를 찾기힘들다. 세계적인 '사랑 도시'라는데, 그렇게 다들 남원에서 왔다면 '사랑'을 말하는데 어찌 자부심이 들지 않겠는가.

2. 젊은 사람들이 이사 오게 만들 수 있을까? ★★★

사랑이란 단어는 젊은이들과 찰떡궁합이다. 인류의 탄생 때부터그랬다. 게다가 지금은 젊은이의 연령대가 심지어 40대까지로 넓어졌다고 보는 시각도 있다. 환갑잔치 순식간에 사라졌듯, 몇 년만지나면 40대를 청년으로 보는 일은 당연해질 것이다.

광양은 서울입니다

우리는 2등입니다
광양엔 기업이 속속
광양은 서울입니다

- 지역적 자부심
- 경제적 파급 효과
- 컨셉
- 가치창출과 브랜딩

우리는 2등입니다

> Avis is only No.2 in a rent cars
> So we try harder.

약 50년 전인 1962년에 미국의 렌터카 회사 Avis가 내놓은 캠페인 이다. 지금도 마케팅 역사상 한 획을 그은 것으로 평가받는 뛰어난 작 품이다.

에이비스렌터카는 1위에 한참 못 미치는 5위였다. 업계 5위인 데 다 13년 연속 적자였다. 그런데 저 유명한 카피와 함께 매출이 매년 두 배씩 3년 동안 올랐다. 진짜 2위가 되었고 마침내 1위 매출의 98% 까지 따라잡는 거의 1위가 되었다. 그러다 자만해서 다시 고꾸라지는 스토리텔링까지 만들기도 했다.

Avis의 캠페인은 단순했다. "우리는 넘버 2. 2등입니다. 그래서 더 열심히 노력합니다." 이거였다. 디테일로 가서도 일관된 캠페인을 했 다. "차 내부를 더 청결하게 하려고 노력합니다. 담배꽁초도 없습니 다" 등 Avis가 하는 노력을 '2등'과 결부시켜 'Why'를 만들어냈다. "우리는 2등입니다. 그래서 어떻게 합니다." "우리는 어떤 혁신을 했 는데 그것은 우리가 2등이기 때문입니다." 이런 식이었다. 결과적으 로 대성공이었고 에이비스렌터카는 지금까지 성장을 거듭해서 한국 에도 지사를 낼 정도가 되었다.

이 캠페인이 대성공을 거두었던 이유는

첫째, 자신의 약점을 먼저 인정함과 동시에 자신감을 느끼게 해 주었기 때문이다. 대부분 회사들이나 제품 서비스들은 자신이 제일, 최고, 1위라고 홍보한다. 그런 말에 너무 익숙해져 있기에 2등이란 '고백' 자체가 신선했다. 그러나 '우리는 2등입니다'라는 문구는 겸손의 솔직한 고백 느낌만 있었던 것은 아니다. 자신감도 들어 있었다. "어라? 뭔가 있나 본데?"라는 기분도 느끼게 해 주었다. 그러니 다음 카피로도 눈길이 간 것이다. 기대를 하고.

둘째, 진정성을 느끼게 해 주었다. 노력한다는 말만 가지고 소비자들에게 인정받을 수는 없는 것은 그때나 지금이나 마찬가지다. 구체적으로 어떻게 한다는 진정성이 있었다. 믿음이 생길 만큼의 객관성이 있어야 하는 것이다.

셋째, 논리가 수긍이 됐다. "우리는 어떠한 상태입니다. 그래서 이렇게 합니다"라는 심플한 이단 논법이 쉬웠고 논리가 타당했기에 받아들이는 이들에게 인정받았다.

위대한 문학작품은 시대와 공간을 초월해서 감동 주고 사랑받듯, 캠페인도 비슷하다. 이 고전 명품 캠페인이 무려 60년이 지난 지금도 마케팅 교과서에서 당당하게 한 페이지를 차지하고 있는 이유다.

광양엔 기업이 속속

광양엔 포스코 광양제철소가 있다. 그로 인해 협력업체들이 즐비하다. 광양제철소는 1987년 4월에 첫 쇳물을 생산하기 시작해서 1992년 종합준공된 세계 제일의 제철소다. 단일규모로는 세계에서 제일 크다는 의미다. 정규직 직원만 6,300명이고 협력업체 직원은 약 8,000여 명이다. 인구 15만 명의 도시에 광양제철 관련 직접 고용만 15,000명이다.

광양제철소가 세계에서 가장 규모가 크고 조강 세계 제일의 제철소라는 사실을 아는 이는 그리 많지 않다. 앞으로 상당 시간 철이라는 물질이 인간이 무언가를 만드는 데 있어 중추적인 역할을 할 것이 확실시된다면 광양제철소의 위상과 의미는 지속할 것이다.

광양엔 광양제철소만 있었다. 거의 그랬다. 있어도 대부분 광양제철소와 관련 있는 기업들이었다. 그런데 2020년을 전후로 중견 기업들이 들어오고 있다. 포스코가 신재생에너지 사업에 적극 나서면서부터다. 광양시가 2018년부터 2020년까지 유치한 기업은 87개, 투자금액은 2조1900억 원, 신규 고용인원은 2196명이다. 인구 15만 명에 2196명이니까 서울시로 치면 일자리가 약 14만 개가 늘어난 셈이다.

광양에 기업이 계속 들어오는 것은 몇 가지 이유가 있다. 광양만경제자유구역청이라는 정부 기관이 광양과 여수, 순천, 하동의 산업단지를 일괄 관리하고 있다. 이 지역에서 사업을 하면 관련법에 따라 혜택이 좀 있다. 무엇보다 광양제철과 무슨 일이든 해보려고 하는 기업들이 많이 들어온다. 포항보다 땅값이 저렴하다. 상대적으로 저렴한데다 공장 지을 만한 땅이 아직 많이 남아 있다.

광양은 서울입니다

광양은 포스코가 들어오기 전엔 인구 8만의 시골 군이었다. 광양제철소가 없었더라면 아마 지금쯤 인구 3만~4만 정도로 줄어서 소멸을 걱정하고 있었을지도 모른다. 사실 광양제철소는 인근 순천시의 인구도 떠받치고 있다. 교육도시라는 이미지와 인근에서 가장 살기 좋다는 인식이, 직장은 광양에 있더라도 순천에 거주하게 만든다. 순천으로 인구를 떠나보내지 않았다면 광양은 아마 20만 인구를 넘었을 것이다. 인구가 분산되다 보니 상권이 형성되지 않아서 시너지가 나지 않았다.

광양 인구 구성의 두 가지 특징은 광양 태생이 아닌 사람이 아주 많다는 점과 20~39세 청년층 비율이 높다는 점이다. 전국에서 최고는 아닐지라도 전남에서는 단연 최고다. 평균 연령도 그렇고 고향이 광양이 아닌 사람의 비율도 마찬가지다. 이것을 지역발전의 지렛대로 삼아 보자는 것이다.

광양은 서울입니다. 캠페인

광양은 서울입니다.
그래서, 텃세가 없습니다.

광양은 서울입니다.
그래서, 양질의 일자리가 넘쳐납니다.

광양은 서울입니다.
그래서, 청년들이 많습니다.

광양은 지방입니다.
그래서, 집값이 저렴합니다.

광양은 전라도입니다.
그래서, 음식이 기가 막힙니다.

광양은 남해안입니다.
그래서, 관광지가 즐비합니다.

광양은 광양입니다.
부자도시라 문화시설과 복지가 끝내줍니다.

세계 최대 제철소가 있는 광양에선 지금,

청년층 일자리가 넘치고 텃세가 없습니다.

이곳은 서울입니다.

▶ 지역적 자부심

광양 컨셉 '광양은 서울입니다'를 성공시키려면 광양 시청의 적극적인 노력이 있어야 한다. 왜냐하면, 실제 광양 시민들의 참여가 그 성패를 좌우하기 때문인데 그 우러난 참여를 이끄는데 시청의 역할이 결정적일 것 같아서이다.

광양 주민들이 자신들은 외지인들에게 호의적인 사람들이라는 것을 인정하고 실제 행동도 그렇게 해야 한다. 원래 광양제철이 들어와서 토박이들과 잘 융화가 되었으며 앞으로는 더욱 그럴 것이라는 점. 왜냐하면, 한때는 외지인이었다가 지금은 몇십 년씩 살아서 토박이나 다름없어진 이들이 광양 시민 중에 아주 많다는 점을 상기시키면 될 것이다.

배타적이지 않은 도시, 용광로 같은 도시라는 별칭을 얻고 인정을 받는다면 그것은 자부심으로 이어질 만하다. 광양이 다른 지역 출신들에게 우호적이고 열려있다는 데 있어, 내가 일조하는 시민이라는 자부심을 느끼게 해 줘야 한다.

이 컨셉은 저절로 시민이 자부심을 느끼게 되는 것이 아니라 시민들의 적극적인 참여가 우선시 되어야 한다.

▶ 경제적 파급 효과

광양이 일자리가 넘쳐나는 도시라는 광고를 한다면 청년들이 관심을 가질 것이다.

귀농 귀촌을 생각하는 사람들이 솔깃한 단어가 텃세다. 텃세가 없는 지역이라면 충분히 고려해 볼 만하다고 생각하는 사람들이 많다고 본다.

가장 큰 경제적 파급효과를 일으키는 것은 누누이 말씀드리지만, 인구 증가다. 그중에서도 청년층 증가. 지방소멸을 걱정하는 모든 시군에 해당하는 진리다. 청년층에게 텃세 없고 일자리 많은 도시라는 이미지를 심어 줄 수 있다면, 그리고 그것이 논리적으로 타당하고 실제로도 그렇다면 남은 것은 홍보 마케팅뿐이다.

▶ 컨셉

1. 국내 최고가 될 수 있을까? ★★★★

비슷한 컨셉을 잡을 만한 도시가 몇 개 있긴 하다. 그러나 광양이 비교적 가장 적합하다. 그리고 선점이 중요하다. 이런 이미지를 획득하느냐 못 하느냐의 문제지 국내 1등인가의 문제는 아니라고 본다.

2. 지역민의 동참과 열정을 끌어낼 수 있을까? ★★★

관청이 계몽을 해야 한다. 이런 컨셉이 아니더라도 지금 광양에 필요한 것은 공동체 의식이다. 광양제철소와 관련이 있는 사람들과 토박이들 간의 연결끈이 약하다. 화학적 결합이 필요하다. 이 컨셉을 적용한다면 시에서 적극 나서서 아이디어를 공모하는 것을 권한다. 광양 공동체 만들기 프로젝트를 선제적으로 하고 '광양은 서울입니다'를 진행시키는 것이 좋을 듯하다.

3. 경제적 파급 효과. ★★★

귀농 귀촌에 영향을 미칠 수 있다.청년층의 일자리 창출과 유입에 도움을 줄 수 있다.

▶ 가치창출과 브랜딩

1. 가치창출을 통한 지역적 자부심이 형성될 수 있을까? ★★★★

텃세가 없는 지역이라는 가치창출은 분명히 해낼 수 있다. 그것만으로도 귀촌 귀농 귀향 인구가 급격히 늘어가는 시대에 큰 의미가 있다고 본다.

2. 젊은이들을 이사 오게 만들 수 있을까? ★★★★

청년 실업이 몹시 아주 몹시 심각하다. 그런 차원에서 광양에서 적극적인 이미지 마케팅을 하고 지역에 청년들이 자리 잡을 수 있는 맞춤교육의 장(場)과 거주지 등의 인프라를 갖춘다면 매혹적이다.

받았으니 베푸는 임실

디디에 엇세르스테번스
상상을 넘어선다 한류
아이 러브 코리아
받았으니 베풀자

• 지역적 자부심
• 경제적 파급 효과
• 컨셉
• 가치창출과 브랜딩

디디에 엇세르스테번스

1950년 7월 벨기에 브뤼셀 고등학교를 졸업하는 디디에는 한국전쟁 발발 소식을 듣고 한국에 깊은 관심을 갖게 되었다. 그 후 카톨릭 신부 서품을 받게 되었고 한국에서 사목활동을 하려는 결심을 실행에 옮긴다.

1959년 런던에서 한국어학과 1년 과정을 마치고 곧바로 한국에 카톨릭 사제로 입국한다. 1961년부터 3년간 부안군 부안성당 주임신부를 역임했는데, 약 3만 평에 이르는 간척지를 조성해서 농민들에게 나눠준다. 그리고 나서 드디어 역사적인 임실성당 주임신부에 부임한다. 이때가 1964년 6월 15일이었다. 이즈음부터 그는 정의를 밝힌다는 뜻을 가진 지정환이란 이름을 쓰기 시작한다.

정의를 밝힌다는 이름과 걸맞게 지정환은 유신독재 반대 민주화운동에 적극적으로 참여했다. 그러다 구속되기도 했는데 치즈를 통해 농촌을 발전시키고 있다는 사실을 인정받아 간신히 추방을 면했다고 한다. 그뿐만 아니라, 5·18 광주민주화운동 당시에는 직접 우유배달 트럭을 몰고 광주에 가서 시민들에게 치즈와 우유를 나눠주기까지 한다.

1967년 벨기에 부모님으로부터 받은 2,000달러를 자본으로 치즈 공장을 세우고 임실의 카톨릭 신자들과 유럽에 가서 치즈 생산 기술을 배운다. 임실성당에 부임하면서 들여온 산양 두 마리가 드디어 본격적인 임실 치즈 시대를 연 것이다.

임실에서 생산된 치즈는 곧바로 서울의 특급 호텔, 외국인 전용 상점에 납품되었을 정도로 품질을 인정받았다. 점점 규모가 커지자 임실 치즈 공장이 주민 협동조합으로 개편되었고, 지정환 신부는 임실 치즈 공장의 운영권, 소유권을 아무 대가 없이 주민 협동조합에 양도하게 된다.

2019년 기준, 임실 농업 매출 1300억 원 가운데 16.4%가 치즈를 비롯한 유제품에서 나온다. 지정환 신부가 뿌린 씨가 번창을 거듭하고 있다. 임실에서만 치즈로 직접적인 생계를 유지하는 사람만 수백 명이다. 간접적인 효과까지 고려하면 사실상 치즈 산업이 임실을 떠받치고 있다고 해도 과언이 아니다. 지정환 신부가 임실이라는 고장을 통째로 먹여 살리고 있다.

상상을 넘어선다 한류

> "한국이 2050년 1인당 국내총생산(GDP)이 미국에 이어 세계 2위를 차지할 것"

골드먼 삭스가 2005년에 내놓은 미래전망 보고서에 담긴 내용이다. 골드먼 삭스는 그 이전과 이후에 내놓은 굵직한 세계 경제 예측에서 높은 적중률을 보여주고 있는 세계적인 금융그룹이다. 심지어 우리도 반신반의 하는 분위기가 이어지고 있다.

그런데 그로부터 16년이 지난 지금, 2005년보다 "세계 2위? 그럴수도 있지 않을까?"라고 말하는 사람들의 비율이 훨씬 올라간 것 같다. 이 글을 쓰는 내 머릿속에도 긍정의 면적이 더 넓다. 일본, 독일, 프랑스, 영국을 제친다. 불가능할 것 같은 싱가포르도 넘어선다. 미국만 우리보다 높을 뿐이다. 이게 현실이 된단다. 1인당 국내총생산 8만 달러를 넘어선다니. 지금 환율로 거의 1억 원이다. 그것도 겨우 29년 뒤에 말이다.

오징어게임, 기생충, BTS, 대장금, 싸이 이 '작품'들이 거두고 있는 엄청난 성과들을 제대로 알고 있는 한국인은 거의 없다고 확신한다. 전파 속도와 커지는 영향력이 하루하루가 다르기 때문이다.

굳이 한국 조선업이 세계 시장을 석권하고 있다거나 반도체 산업, 휴대폰, 자동차 기타 첨단 업종에서의 선전을 거론하지 않더라도 문화 분야 하나만으로도 한국의 위상은 치솟고 있다. 한민족의 창의성과 표현력, 추진력이 이 정도로 대단하다니 보면서도 믿기지 않을 지경이다.

아이 러브 코리아

한류의 인기가 천정부지로 치솟고 있다 보니 이런 일도 있었다. 우즈베키스탄 대통령 부인이 2017년에 이런 말까지 했다. "한국은 제가 우즈베키스탄 다음으로 사랑하는 나라입니다" 영부인의 말이기에 외교적으로 문제가 될 법한 발언이었다. 그냥 좋다고 하면 될 것인데 그렇게까지 할 필요가 있었을까 싶었다. 왜냐하면, 우즈베키스탄은 아직도 러시아의 강력한 영향력 아래 있으며, 그 일대 중앙아시아 6개국은 서로 매우 밀접한 관계를 맺고 있기 때문이었다.

　실제로 2019년 우즈베키스탄을 방문했을 때 한국인이란 이유만으로 환대를 받은 기억이 있다. 한국과 한국인을 아주 좋아했다. 무슨 일이든 KOREA와 같이하고 싶어했다. 우즈벡은 우여곡절의 정치적 사건을 겪으면서 2016년부터 새로운 건국에 준하는 일을 하고 있다. 그런데 한국을 워낙 동경하다 보니 법무부 고위직 십여 명을 연수단으로 보내 한국의 정부 체계를 배워가기도 했다. 아내가 그들에게 이틀간 강연을 했는데, 그들의 한국에 대한 사랑과 동경이 놀라웠단다. 그뿐 아니라 우리나라 국장급 인사들을 정보통신부, 보건복지부 차관으로 모셔다가 '나라 만들기'를 맡기고 있다.

　비단 우즈베키스탄뿐이 아니다. 베트남을 비롯한 동남아시아에서도 한국 제품에 대한 신뢰도는 계속 상승 중이며 한류 문화에 대한 전방위적인 인기도 고공행진을 계속하고 있다. 동남아시아 전체가 하나의 나라인 것처럼 모두 한류 사랑이 뜨겁다. 아프리카도 슬슬 발동을 걸고 있는 듯하다. 머지않아 동남아처럼 한국이라면 모두 웃으면서 엄지를 치켜세우는 상황이 벌어질 것이라고 감히 예언한다.

나는 동남아시아나 인도에 갔을 때 그리고 결정적으로 우즈베키스탄에 갔을 때 이 나라 사람들을 돕고 싶다는 생각을 했다. 이유는 두 가지였다. 첫째, 그들에겐 도움이 필요했다. 기본적인 인간의 존엄성을 갖추는데 필요한 사업들이 꼭 필요해 보였다. 안타까웠다. 둘째, 나를 좋아해 줬다. 정확히 말하면 한국인인 안익준을 반겨줬다. 그들이 가진 한국에 대한 환상을, 현실에서 만난 나를 통해 증폭시킨다는 느낌이었다. 나를 좋아한다는데 싫어할 사람이 어딨겠는가. 그것도 순박한 사람들이 좋아한다는데.

받았으니 베풀자

지정환 신부님으로부터 받은 은혜를 이제 베풀어야 할 때가 되었다고 믿는다. 2024년은 지정환님이 산양 두 마리를 데리고 임실에 들어오신 지 60년이 되는 해다. 동양 사상으로 60년은 100년만큼이나 의미가 있는 숫자다. 한 사이클을 돌았다는 의미이며 과거를 바탕으로 새로운 장이 열린다는 뜻이 있기도 하다.

우리나라에서 어떤 지역이 특정인의 헌신에서 비롯돼 그 지역 전체의 경제에 영향을 크게 미치고 있는 경우는 임실이 유일하다. 기막힌 열매(實)를 맡았으니(任) 이제 베풀 일만 남았다. 열매가 가치 있는 것은 씨를 품었기 때문이다. 지정환님이 씨 뿌려 나무에 맺은 열매가 임실을 살렸다. 이제 임실 차례다. 그 열매의 씨를 '1964년의 임실'에 뿌릴 때다. 우리를 그리도 좋아하고 동경하는 동남아시아 중앙아시아 아프리카가 '1964년의 임실' 후보지다. 임실이니까 해야 하고 임실이니까 할 수 있다.

임실의 낙농 기술과 치즈 생산 기술은 세계적이다. 그 기술을 전수하는 거다. 지정환님이 산양 두 마리로 시작했듯이 임실도 젖소를 직접 가지고 가자. 코이카와 협력할 수도 있고 독자적으로 움직일 수도 있을 것이다.

임실이 사업의 스토리와 취지를 설명하고 자매결연을 하려 들면 중앙아시아와 동남아시아에서 수많은 지자체가 줄을 설 것이다. 낙농에 적합한 기후와 지형 그리고 정치적인 상황까지 고려하여 '1964년의 임실'을 선정하라. 그리고 지정환 신부님에게서 받은 것처럼 성의를 다해 도우시라. 그리하여 혜택을 받은 지역이 '2021년 임실'이 되게 만들어 주시라.

▶ 지역적 자부심

도움을 받고 사는 사람과 남을 돕고 사는 사람들의 표정과 얼굴 생김새는 다르다. 심지어는 사진만 보고도 구별할 수 있다고 주장하는 사람이 있을 정도다. 봉사 활동하는 사람들에게서 공통으로 나오는 말이 있다. "도와주러 갔다가 더 많이 받고 왔다." 남을 돕는다는 것은 마약보다 강력한 흥분과 중독성이 있어서 한 번 빠지면 헤어나오기 힘들다는 말도 종종 듣는다.

받았으니 베푼다는 명분 아래 해외에서 "'1964년의 임실'을 찾아 '2024년의 임실'을 만들겠다"는 기치를 높이 세우고 열심히 도우시라. 베푼다는 것이 얼마나 놀라운 기적을 일으키는 것인지 보게 될 것이다.

'베푸는 도시'란 타이틀을 가진 도시는 없다. 적어도 우리나라엔 없다. 내 안테나엔 세계적으로도 없는 것으로 파악됐다. 그걸 임실이 선점 독점하자.

임실은 해외 원조 사업을 온 군민과 함께 활발히 하는 고장이다는 이미지를 가졌다고 가정해 보자. 그 자체만으로도 이미 자부심이 상당할텐데 거기에 더해 내국인에게도 베푸는 정책을 적극적으로 펼친다고까지 생각해보자. 임실이라는 이름은 베푸는 도시 이미지를 가질 것이고 이는 많은 사람이 임실을 호감 있게 볼 것이며 돕고 싶은 생각이 들게 될 것이다. 착한 사람을 돕고 싶은 마음 드는 것과 똑같다.

▶ 경제적 파급 효과

'받았으니 베푼다'는 명분으로 '임실은 베푸는 고장'이라는 이미지를 획득한다고 봤을 때 무슨 일이 벌어질 것인가. 선순환으로 이어질 것이다.

일단 임실 군민의 마음가짐부터 달라질 것이다. 사람들이 우릴 베푸는 고장이라고 하니 나도 뭔가 넉넉해져야 할 것 같다. 그래서 발맞춰 한 번 마음을 그렇게 쓰니 여간 좋은 게 아니다. 임실 전역에 넉넉함이 흐른다. 메이드인 임실이 각광 받을 것이다. 베푸는 고장의 상품을 팔아줘야 한다는 심리가 보통사람들에겐 분명히 있다.

베푸는 마인드를 가진 사람들이 임실을 주목하게 된다. 베푸는 일과 관계된 많은 아이템들이 기다리고 있다. 이것만으로도 인구가 늘어날 것이다.

해외 자매결연 도시들과의 활발한 교류는 군민들에게 자부심도 안겨주겠지만 실질적인 파급효과가 있을 것이다. 기술 유학을 오는 청년들이 임실에서 정착할 수 있는 계기가 될 것이고 국제결혼도 늘어날 것이다. 소개받아서 하는 결혼이 아니라 교류 속에서 자연스럽게 이루어지는 현상을 말하는 것이다. 전국에서 임실로 오고, 임실에서 세계로 나가고, 세계에서 임실로 들어오게 될 것이다. 시골 군에 활기가 돌 것이다. 선한 에너지가 넘실댈 것이다.

▶ 컨셉

1. 세계 최고가 될 수 있을까? ★★★★★

    가능성 있다. 베푸는 고장의 이미지를 가진 도시는 없다. 세계적으로도 없다. 임실에 가면 적어도 밥을 준다. 그에 걸맞는 일을 해야 하지만 박대하지 않는다. 농촌이니 그에 맞는 일자리를 찾아준다. 낙농 기술을 비롯해서 교육을 받을 수 있다. 세계적으로 베푼다. 이것이 임실이다.

2. 지역민의 동참과 열정을 이끌어낼 수 있을까? ★★★★★

    우리는 베풀어야 하는 의무가 있다는 명분 아래 해외 원조에 많은 농민이 동참하실 것이다. 임실군 2021년 예산은 5천억 원이다. 이 컨셉에 쓸 수 있는 자금은 충분하다. 군민들의 자존심도 살리고 재미도 있고 뿌듯도 하다.

3. 지역 경제에 파급 효과는? ★★★★★

    한국 정서가 착한 사람, 착한 기업으로 각인될 경우에 그냥 지나가질 않는다. 그리고 전혀 생각지도 못했던 긍정적인 효과가 나타날 가능성이 크다.

▶ 가치창출과 브랜딩

1. 가치창출을 통해 지역적 자부심을 형성할 수 있을까? ★★★★★

    베푸는 사람, 베푸는 지역 임실을 만들었다면 굉장한 가치를 창출한 것이다.

2. 젊은 사람들을 이사 오게 만들 수 있을까? ★★★★★

　　베푸는 도시라는 따뜻함이 '지친' 젊은이들을 부를 것이다. 세계에
　　서 젊은이들이 하나 둘 모이는 상황도 생길 것이다.

옛것으로 만드는 미래! 구례

가장 옛스러운 이름 구례
7080 노래와 아날로그
옛것을 좋아하는 젊은이들
옛것으로 만드는 미래! 구례

- 지역적 자부심
- 경제적 파급 효과
- 컨셉
- 가치창출과 브랜딩

가장 옛스러운 이름 구례

구례의 한자는 구할 求 예절 禮, 예를 구한다는 뜻이다. 구례 사람들은 대부분 알 것이라고 생각은 들지만, 과연 다른 지역 사람들이 이를 알까? 글쎄 현실적으로 기대하기 힘들다고 본다. 그렇다면 무슨 이미지이며 어떻게 인지하고 있을까? 인근 순천 광양사람들에게 물어봤다. 대부분 사람이 옛 구(舊)가 아니냐고 되물었다.

서울 사람들은 어떻게 생각하고 있을까? 미안하지만 구례가 전라남도에 있는 군 이름이라는 것은 '윤스테이'라는 프로그램 덕분에 알게 됐다는 사람을 몇 만났을 정도로 구례는 수도권 사람들에게 그렇게 유명하진 않은 동네다. 하긴 우리나라에서 선거를 통해 리더를 뽑는 자치단체가 243개나 되니 그럴 법도 하다. 고성군은 강원도와 경상남도에 같은 이름으로 두 개나 존재하는데도 처음 들어본다는 사람 수도권에 아주 많다. 그들에게 구례라는 단어를 들었을 때 어떤 느낌이냐고 물었다. "옛날 동네?" "구래?" 대부분 옛날, 시골, 지방 이런 단어들이 연상된다고 했다. 이쯤 되면 인정해야 한다고 본다. 인근 순천 사람들 조차도 '순천만정원박람회' 성공으로 가장 크게 피부에 와 닿는 점이 있다면서, 더는 수도권 사람들이 춘천, 순창과 헷갈려 하지 않게 되어 속 시원하다는 얘길 할 정도다.

그렇다면, 아예 역발상을 하자. 구례라는 '올드한' 이미지의 지명이 가진 단점을 오히려 장점으로 승화시켜 보는 거다.

사실 구례라는 단어가 올드(Old)한 이미지를 주는 것에 대해 감사하게 생각해야 할 것 같다. 어떤 분명한 이미지를 주지 않았는가 말이다. 그건 대단히 중요한 의미를 가질 수도 있는 문제다. 이해가 잘 안 된다면 예를 들어보겠다. 당신이 수도권과 충청 호남에서만 오래 산 보통사람이라면 다음의 단어를 듣고 무엇을 말하는 것인지 바로 알 수 있을까?

영양의성고령군위경산청송영주봉화영덕예천김천청도문경상주

두 글자씩 읽으면 경상북도의 시·군 지명이다. 잘 몰랐던 분들에게 다시 묻고 싶다. 이 지명 중에서, 어떤 이미지가 느껴지는 이름이 있는가? 아마 거의 없을 것이고, 있더라도 사람마다 제각각 일터이다. 구례라는 단어에서 어떤 이미지를 공통으로 느끼고 있다면 그것은 일단 긍정적으로 봐야 한다. 그리고 활용할 연구를 해야 한다고 생각한다. 마케터로서 그렇게 믿는다.

7080 노래와 아날로그

메타버스, 블록체인, 비트코인, 이더리움, 공매도, 선물, 옵션, DTI 비율, DSR 규제, 공모주 청약, 따상, ESG

혹시 당신에게 이것은 검은 것은 글씨요 흰 것은 종인가? 이 중에 아는 단어라고는 선물 하나밖에 없다는 분 계실 거다. 아쉽게도 저 선물은 생일 선물 할 때 그 선물이 아니다. 놀랍게도 위 12개 단어는 2021년 가을 현재 아무 종합일간지나 펼쳐도 거의 매일 나오는 단어들이다. 이런 정도는 상식이라고 생각하는 사람들이 신문을 만드는가 보다. 그렇다면 나는 상식이 부족한 사람일 수밖에 없을 것 같다. 나이가 많을수록 평균적으로 모르는 단어 수가 늘어날 것이다. 현실이다.

그런데, 혹시 젊은 사람들은 모두 이런 것들은 다 이해하고 있을 거로 생각하시는가? 젊은이들이 하나같이 이런 어려운 것들을 모두 꿰뚫고 있다고 생각하는 것은, 여자이기만 하면 음식을 다 잘하고 남자이기만 하면 모두 건축일을 잘 한다고 믿는 것이나 마찬가지다. 젊은 사람 중에서도 코인이나 주식에 별 관심 없고, 자신만의 세계를 추구하거나 사회에 긍정적인 기여 하는 것에 인생의 의미를 두거나 여행에만 관심 있거나 뭐 그렇게 다양한 사람들이 존재한다.

7080 가요를 좋아하는 사람들은 모두 머리 희끗희끗한 사람들인가? 젊은 사람들은 옛날 노래라면서 7080 가요는 쳐다보지도 않는가? 내가 일부러 자료 조사를 해 본 결과 의외로 많은 젊은이가 7080 노래를 좋아하고 따라부르고 있었다. 물론 BTS를 비롯한 아이돌을 좋아하는 청춘들의 비율이 압도적으로 높다. 그러나 7080 가요나 팝송을 좋아하는 젊은이들의 숫자도 절대 적지 않음을 알아야 한다. 이것은 지금부터 구례에 적용할 아이디어에 크나큰 근거가 된다.

한때, 아날로그는 디지털에 완전히 자리를 물려주고 역사 속으로 사라지는 듯했다. 그런데 빠른 속도로 없어질 줄 알았던 아날로그 스타일들이 다시 슬금 슬금 무대 위로 고개를 내밀고 있는 분야가 많다. 라디오는 아예 없어져 버릴 줄 알았는데 지금도 굳건한 것처럼 말이다. 수천수만 년 동안 인류 문명이 모두 아날로그였다는 것을 상기하면 그리 쉽게 없어질 수 없는 것이 당연한 일인데도 컴퓨터로 대표되는 신문명의 위세가 너무 대단해서 숨쉬기도 힘들었던 때가 있었다고 보면 되지 않을까 싶다.

옛것을 좋아하는 젊은이들

일단 세상이 단순 획일화되지 않았다. 오히려 그 정반대의 길로 가고 있다. 다양성이 존중되는 사회가 되었고 그 정도는 갈수록 더 심화할 것이다. 남성 여성 어린이 젊은이 노인 이렇게 나누던 시대는 진작 갔고, 여성이라는 '장르' 하나만 가지고도 수백 가지의 각기 다른 부류로 분류될 수 있을 정도가 되었다.

달나라와 화성에 가는 시대에, AI가 인간을 바둑으로 이기는 시대에 과연 옛것에 관심을 가질 사람들이 얼마나 될까? 그것도 젊은 사람들이. 이렇게 생각하신다면 오산이라고 자신 있게 말씀드린다.

전국에 국악을 배우고 있는 학생들이 얼마나 되는지 아시는가? 그다지 돈이 될 것 같지도 않은 국악에 왜 부모들은 자식들을 입문시키고 많은 돈을 들여서 가르치는지 잘 이해가 가지 않는 사람들도 많으리라. 좋아서 한다. 한국인의 가슴을 울리는 한(恨)을 제대로 풀어내는 데는 국악이 제일이다. 그게 핏속에 더 강하게 흐르는 사람들이 국악을 하는 것이다. 옛것을 한국인의 본능으로 찾는 것이다.

마찬가지다. 모든 옛것에 매료되는 사람들이 분야별로 많다. 그 사람 중엔 젊은이도 있다. 젊은이 중엔 단순히 옛것을 좋아하는 이들도 있고 뭔가에 푹 빠져서 취미 이상의 직업으로 삼고 싶어라 하는 사람도 있다. 이들을 불러 모으자는 것이다.

옛것으로 만드는 미래! 구례

구례의 '거의' 모든 것에 '옛것'이라는 컨셉을 입히자.

삼성의 혁신 경영을 강조하면서 이건희 회장은 이런 말을 했다. "마누라하고 이름만 빼고 다 바꿔라" 이걸 구례의 옛것 컨셉에 적용한다면, "화장실하고 가족만 빼고 다 변해야 한다."

옛것이란 무엇을 말함인가?
우리가 생각할 수 있는 대단히 많은 것들이 있다. 하나 하나 짚어보겠다.

협동조합도 옛것이랄 수 있다는 말로 시작하고 싶다. 두레, 향약, 품 앗이가 지금으로 보자면 협동조합 아니겠는가. 이익이 누구 하나에만 집중되지 않고 참여자들에게 골고루 혜택이 뿌려지는 방식이 똑같다. 발효와 관계된 것들도 모두 해당된다. 발효라는 개념 속에 들어올 수 있는지는 하나하나 품목별로 따져보면 될 일이다. 모든 김치류부터 시작해서 장류, 효소 등등 대단히 많은 종류가 있다는 것을 금방 느 낄 수 있다. 차(茶)류도 마찬가지다. 지리산에서 나는 수많은 차의 재 료가 있다. 그것들이 다 해당한다. 역술(易術)도 있다. 의복은 아주 중 요한 아이템이다. 옛것이라고 정통 한복만을 의미하는 것이 아니다. 창의력이 발휘되면 옛것이란 틀 안에서 얼마든지 개량이 가능할 것이 다. 여러 가지 먹을거리가 생각난다. 술, 떡, 음료, 한과, 전류, 반찬 류, 자연식품 등등.

옛것이라고 모두 옛날 방식대로 만들거나 서비스할 필요는 없다. 기 계로 재단하고 인터넷을 최대한 활용할 수 있고, 설계도 최첨단 프로 그램을 이용해서 컴퓨터로 할 수 있다. 기발하게 옛것을 재해석하고 계승 발전시킨다는 데 의미를 두면 된다. 단순히 옛것을 재현하는 것 도 의미가 있을 것이고, 약간 비틀어서 현대적인 시각으로 재설정하 는 것도 좋다. 옛것이라는 느낌을 주면 된다. 공연도 마찬가지다. 주 말 공연이라든가 성수기 공연으로 일단 시작하는 데 있어, 전통극을 현대에 맞춰 재해석하고 재밌게 풀어보겠다는 자세로 접근해야 한다.

퓨전이란게 있다. 정확한 사전적 의미로 "서로 다른 두 종류 이상의 것을 섞어 새롭게 만든 것"이다. 그래서 퓨전뮤직은 "재즈, 록, 팝 따위의 요소와 스타일이 혼합된 1970년대의 백인 재즈 음악가들의 음악"이다. 퓨전푸드는 "전혀 다른 두 종류 이상의 음식을 복합하여 만든 음식"이며 퓨전사물놀이는 "기존의 형식에 다른 음악의 형식을 가미하거나 사용하는 악기 따위를 다양하게 구성한 사물놀이"다. 이 퓨전스타일의 매력과 위력에 전율을 느낀 일이 있었다. jtbc에서 2021년 10월부터 방영되는 프로그램 '풍류대장'을 보고 여러 가지 생각을 하지 않을 수 없었다. '우리 것'의 대단함과 깊이, 그리고 확장 가능성 세계적 경쟁력, 결정적으로 한국인들의 놀라운 역량.

'풍류대장'은 국악과 타장르의 만남을 주제로 한 오디션형식의 프로그램이다. 기본이 국악이다. 참가자들은 모두 국악에 깊이 몸을 담그고 있는 사람들이며 상당수는 어느 정도 경지에 이른 이들이다. 그 내공 대단한 이들이 타 장르를 끌어다가 국악이라는 몸에 옷을 입힌 것이다. 1회 시청만으로도 전율이 올 정도로 굉장했다. 대한민국의, 아니 한민족의 젊은이들이 이 정도구나 감탄을 금치 못했다. 그 젊은 예술인들의 공연이 그토록 감동을 줄 수 있었던 것은 그들이 자신들의 전공인 국악 분야에서 충분한 실력을 쌓은 고수라는 것이 느껴졌기 때문이었다. 근간이 확실했기에 타 장르를 소화함에 있어 또 다른 세계를 느끼게끔 해준 것이었다.

구례가 '옛것'이라는 영역에서 확실한 성과를 낸다면 몇 년이 지나서 '퓨전'에 도전해볼 수 있을 것이다. 관청이 주도하지 않아도 구례가 '옛것'의 메카가 되어간다면 그런 일이 자연스럽게 일어날 것이다. 저 놀라운 한민족의 젊은이와 '청년'(도전하는 이가 청년이다)들이 앞다퉈 시도할 것이기 때문이다. 어떤 식으로 적절히 지원할 것인가만 고민하면 될 터이다. 행복한 고민이겠다.

▶ 지역적 자부심

디지털 시대에 '옛것의 고장'이라는 타이틀은 과거에 머문 뒤처진 도시라는 이미지가 아니다. 오히려 과감하고 용감하게 차별화를 단행했다는 느낌을 준다. 이 자체로도 어깨 펼 '꺼리'가 됨은 당연하다.

참고로 전주 한옥마을을 보자. 730여 채의 한옥마을이 전주를 상징하는 랜드마크가 되었고, 이제 전주비빔밥만큼이나 유명해졌다. 불과 10년도 안 돼 이룬 성과다. 2019년까지 4년 연속 천만 관광객을 불러들였다. 수도권에서 전주 출신을 만나면 으레 한옥마을에 관해 대화를 나누게 되었다. 우리나라에서 이제 전주 한옥마을은 안 가 본 사람 찾기가 더 힘들어졌기 때문이다. 한옥마을로 시작한 전주에 관한 대화는 비빔밥, 콩나물국밥, 한정식으로 이어지고 수제 초코파이에 이르러서는 할 말이 더 많아진다. 전동성당에서 찍은 영화들을 아는체 하다 보면 꼬리에 꼬리를 문다. 경기전과 이성계며 성심여학교와 베테랑 칼국수며 한옥마을 내 각종 유명 꼬치류들, 한옥 민박 체험하면서 추워서 혼났다는 사람이 의외로 많다는 것에 즉석에서 공감대를 형성하기도 한다. 타지에서 이런 대화를 하면서 고향이 전주인 사람들이 자부심을 느끼지 않을 수 없을 것이다.

구례라는 이름이 더는 촌스럽다거나 시골스럽다가 아니라, 옛것과 고풍스러운 이미지, 전통문화의 현대적 해석도 있는 독특한 문화의 고장으로 인식될 것이다. 세계적으로 한류의 위상이 높아질수록 구례의 네임밸류도 비례해서 올라갈 것이다. 가장 한국적인 것들을 만나려면 구례에 가 보면 된다. 그런데 가 보니 옛날 것들만 모아 놓은 것이 아니라, 전통문화와 관계된 것들을 현대적으로 재해석 한 분야와 종류들도 많았다고 입을 모은다. 옛것이, 오래된 것이 쓸모없는 것이 아니라 오히려 흙을 털고 닦으니 더 가치 있는 것이었더라는 증거가, 구례라는 지역 그 자체가 되리라.

구례 출신들에겐 엄청난 자부심과 자랑이 될 것이며, 많은 이들이 귀향을 구체적으로 생각해보게 될 것이다. 외지에 나가 있는 아들딸들에게 자신 있게 고향으로 돌아와도 괜찮을 것 같다는 전화를 하게 될 것이다.

▶ 경제적 파급 효과

2021년 10월 현재 구례 인구는 2만 5천 명 무너지기 초읽기에 들어간 상태다. 근래 3년간 2천 명이 넘게 구례에서 사라졌다. 사망자

수가 출생아 수의 5배가량 되고 노인 인구 비율은 35%를 넘었다. 재정자립도는 2018년 전국 꼴찌를 하더니 그 후론 몇 계단 올라섰으나 아주 근소한 차이라서 의미가 없다. 그야말로 우리나라에서 가장 먼저 소멸로 가고 있는 지자체다.

구례와 같은 지역에 가장 필요한 것은 활력이다. 각종 통계 지표만 놓고 보면, 구례는 미래라는 단어가 어울릴 것 같지 않은, 진짜 '노인과 강산'이다. 그러니 미래라는 것, 희망이라는 것을 보여준다는 사실이 대단히 중요한 의미가 있다. 지금의 인구 구성으로는 불과 10년 안에 소멸 낭떠러지로 직행이다. 청년층의 외부 유입이 없는 한 구례와 같은 인구 구성으로는 도저히 어떻게 해 볼 수가 없다. 비슷한 상황의 전국 다른 시군들도 마찬가지긴 하지만 구례가 좀 더 심각하다.

옛것에 관심 있는 청년들과 중장년들이 모여들 것이다. 이들이 '한 달 살이'를 하면서 배우기도 하고 창업도 한다. 구례에 장인(匠人)이 관심을 갖는다. 구례군은 그분들을 모신다. 옛것에 관계된 거리가 만들어진다. 하나둘 모여들면서 자연스레 생길 수도 있고 관(官)이 판을 깔아줄 수도 있다.

구례군의 브랜드가 만들어진다. '함평 나비'처럼 '옛것으로 미래를 만든다'는 의미의 구례군 브랜드가 만들어지고 그것을 홍보하기 시작한다. 구례에서 만드는 옛것과 관련된 제품들, 서비스들이 날개를 달게 된다. 또 그렇게 관청이 적극 지원을 해야 한다. 여러모로 관(官)의 역할이 아주 중요하다.

無에서 有를 창조하라고 중앙정부와 국회는 지방자치제라는 멍석을 깔아주었다. 정치 탓, 지리적 불리 탓, 시대가 그러니 어쩔 수 없다는 핑계, 남들도 다 어렵다는 변명은 아무 도움이 되지 못한다. 구례처럼 소멸해가는 평범한 시골 군일수록 소소한 아이디어 한두 개로 판을 뒤집을 순 없다.

'옛것과 구례'에 관해서는 사실 나름 신선한 아이디어가 상당히 많아졌다. 이 책의 구성상 구례만 많은 지면을 할애하는 것은 어울리지 않을뿐더러, 조금 늘릴 만한 분량이 아니다. 그러기에 구례만을 위한 책을 조만간에 따로 만들기로 했음을 말씀드리며 맺는다.

▶ 컨셉

1. 세계 최고가 될 수 있을까? ★★★★★

   물론이다. 우리나라 옛것의 메카가 된다면 일단 세계적인 경쟁력이 있다. 어떻게 만들어가느냐에 달려있다. 한류가 갈수록 거세진다면 더더욱 물 만난 고기 격이 될 것이다.

2. 지역민의 동참과 열정을 끌어낼 수 있을까? ★★ → ★★★ → ★★★★ → ?

   구례뿐 아니라 대부분의 소멸 위험 지역에선 이대로 가다간 조만간 정말 망할 것 같다는 위기감이 고조되고 있다. 타성에 젖어서 그냥 오늘이 어제 같고 내일이 오늘 같은 생활을 하고 있다. 뭔가를 새롭게 시도한다는 것 자체가 의미가 있고 중요하다. 그런데 구례와 어울리기도 한 아이템을 갖고 설득한다면 직접 관계가 되는 사람들부터 적극적으로 참여할 것으로 예상한다.

3. 경제적 파급효과는? ★★★★★ ?

젊은 층을 얼마나 끌어들일 수 있을 것인가에 달린 것은 다른 도시나 비슷하다. 그러나 구례는 거의 무에서 유를 창조하는 컨셉이기에 가능성도 무궁하고 용두사미가 될 수도 있다고 본다.

▶ 가치창출과 브랜딩

1. 가치창출을 통한 지역적 자부심이 형성될 수 있을까? ★★★★★

컨셉대로 된다면 창출되는 가치는 희소성 차원에서도 상당할 것이다. 구례라는 브랜드가 우리나라 '전통의 메카'가 되는데 어찌 자부심이 생기지 않겠는가.

2. 젊은 사람들이 이사 오게 만들 수 있는가? ★★★★

옛것이란 주제를 가지고 창업을 비롯한 뭔가를 해보려는 사람들이 꾸준히 들어올 것이다. 플랫폼을 지향해볼 수도 있다.

IV. 정책 제안

출산율 제고 방안
지역발전의 비결

출산율 제고 방안

첫 번째 제안 : 양육수당 월 100만원
두 번째 제안 : 외국인 가사도우미를 허(許)하라

첫 번째 제안: 양육수당 월 100만원

거두절미하고 첫 번째 정책 제안하겠다.

1. 깔끔하게 아이 한 명당 양육 수당으로 월 100만 원씩을 주는 거다. 이 돈은 아이에게 주는 것이 아니라 양육자에게 주는 것이란 사실을 분명히 하자. 고등학교를 졸업하는 만 18세까지 주는 거다.
2. 수도권과 광역시는 제외하고 준다.
3. 당장 주자! 현재 만 18세까지 모두. 국비 80% 지방비 20%로 가자.

위 조건에 충족하는 인구는 약 220만 명이다. 월 2.2조, 연 26.4조 원이다. 2021년 현재 대한민국 출산율 제고 정책에 드는 자금치고 그렇게 많아 보이진 않는다.

다음과 같은 효과가 예상된다.

첫째, 인구 분산 효과가 있다. 지방 중소도시들에서만 제공하는 혜택이므로 이것 때문에라도 지방에 내려갈 사람들 아주 많을 것이다. 지방 경제가 살아난다.

둘째, 육아는 직장이라는 개념이 선다. 본격적으로 육아를 맘 편히 할 수 있게 되었다는 느낌이니 출산율이 급상승할 것으로 본다.

셋째, 수도권과 광역시 집값이 사정없이 내려갈 것이다. 자연스럽게 신혼부부 주택 자금 지원이 되는 셈이다.

출산율 정책을 만드는 사람들의 특징 및 문제가 무엇인 줄 아는가?

1. 중·장년의 남자들이다.
2. 나이 든 여자도 간혹 있긴 있다.
3. 1번과 2번 둘 다 임신 가능성이 거의 없는 사람들이다.
4. 1번과 2번 둘 다 경제적으로 어려운 상태가 아니다. 월 100만 원씩 국가가 준다는 약속을 해 준다면 애를 낳을 용의가 있는 사람들의 마음을 거의 이해 못 하는 사람들이다.

두 번째 제안 : 외국인 가사도우미를 허(許)하라

홍콩과 싱가폴을 벤치마킹하라. 무엇이 두려운가. 일본도 시작했다. 다시 한번 말씀드린다. 무엇이 두려우신가. 언제까지 검토 검토 검토만 하실 건가. 무려 10년 넘게 검토만 하고 있는 것으로 안다. 심지어 고용노동부의 가장 최근 검토인 2021년 3월부터 11월까지 10개월간의 '검토'엔, "일본, 홍콩, 싱가폴처럼 모든 국적 외국인에게 개방해 합법화 하는 것은 전혀 검토하고 있지 않다"고 한다. 이쯤 되면 두려운 것이 아니라 고의 외면 아닌가? 이것도 위에서 언급한, '정책 담당자들의 특징 및 문제'와 똑같은 문제라는 생각이 든다. 정책결정자들이 가사도우미의 필요성과 현장의 심각성에 대해 이해도가 너무 떨어지는 것 아닐까 생각한다. 아주 강한 합리적 의심이 든다.

일본이 2017년에 선진국 중에서 가장 늦게 가사도우미 합법화 대열에 합류했다. 물론 우리나라는 그동안 선진국이 아니었기 때문에 관심이 없었는지는 모르겠으나, 여성의 사회적 지위가 무슬림보다 조금 나은 수준밖에 안 된다는 비아냥까지 국제사회로부터 듣는 일본마저 외국인 가사도우미 합법화 대열에 동참했으니 이제 우리나라 관계 당국도 더 버티기는 힘들지 않을까 조심스럽게 예측해보긴 한다.

더 무슨 말이 필요할까마는 덧붙여보겠다.

홍콩은 1970년대부터 외국인 가사도우미가 정식으로 수입되어 그 숫자는 계속 늘었다. 그리고 앞으로도 늘 것이라고 한다. 그 숫자가 무려 2020년 현재 37만 4천 명정도도 된단다. 홍콩 인구가 750만 명이니 5%에 해당하는 수치다. 홍콩에서 외국인 가사도우미는 이제 나라의 한 축이다. 결코, 없어서는 안 될 경제적, 사회적 중요한 위치가 되었다. 그건 싱가폴도 마찬가지다. 싱가폴 가정에서 다섯 가구 중 한 가구에 외국인 가사도우미가 있고 그 비율은 계속 높아져 가고 있다. 월 백만 원도 안 되는 비용이니 당연한 결과다.

이익이 100이라면 부작용은 10 정도에 지나지 않는 것 같다. 거의 50년의 외국인 가사도우미 합법화의 역사를 가진 홍콩을 보면 알 수 있다. 2017년에 발표한 홍콩 입법부의 보고서에 외국인 가사도우미를 이렇게 표현해 놓았단다. "홍콩 여성들의 경제 활동에 도움을 주고 있으며 가정생활의 수준을 향상시키는 등 경제 발전에 중대한 공헌을 하고 있어 홍콩 사회에 없어서는 안 될 중요한 존재임" 게다가 홍콩 행정부는 앞으로 이들이 60만 명으로 증가할 거라고 예상까지 하고 있다.

장기적으로 지방소멸을 막기 위한 가장 효과가 좋은 방법의 하나가 이민 정책이다. 선진국 어떤 나라도 이민 정책을 우리처럼 하는 곳은 없다. 딱 하나 일본만 빼고. 언젠가는 빗장을 풀 수밖에 없고 또 그래야 한다고 믿는다. 준비를 잘 해야 할 것이다. 그 시작이 바로 외국인 가사도우미 합법화라고 생각한다. 지금도 즉시 시행한다고 해도 만시지탄의 감이 없지 않다. 갑론을박과 검토만 10년 넘게 하고 있는 행정부와 아예 무관심한 국회의원께 말씀드린다. 제발 국가와 사회와 여성 생각 좀 해 주시라. 제발 국민을 생각해 주시라. 바쁘신데 너무 무리한 부탁 드린건가?

실기(失機)할 것 같아 무섭다.

출생아 수를 살펴보는 것이 의미가 클 것 같다.

1971년	102만 명
1981년	87만 명
1991년	71만 명

2001년	55만 명
2011년	47만 명
2021년	27만 명 예상 (상반기 13만 7천 명 출생)

이 수치를 보고도 좌고우면 할 것인가? 50년 만에 약 1/4로 떨어졌다.

출산율은 혼인 건수와 밀접한 관계가 있다. 그런데 혼인 건수가 2012년 이후로 10년 연속 감소세다. 2021년 상반기엔 1981년 통계 작성 이후 최초로 10만 건 이하로 떨어졌다. 비관적이고 암울한 수치들만 넘쳐난다. 이런 통계들은 무엇을 의미하는가? 지방소멸은 물론이고 나라 폭망으로 가고 있음을 나타내주고 있다.

출산율이 떨어지는 이유는 물론 단순하지 않다. 그러나 효과가 있는 것이 확실한 몇 가지 정책은 웬만하면 과감하게 실행해야 한다고 믿는다. 어차피 100% 만족하는 정책은 있을 수 없다. 절차적 민주주의가 중요하다고 하지만 일본마저 채택한 정책을 10년 이상 검토만 하는 사이에 출산율은 세계 최저 기록을 월별로 갈아치우고 있다. 결혼 자체가 계속 줄어드는데 출생아가 늘어난다는 것은 우리나라 현실에선 거의 불가능하다. 결혼이 줄어드는 이유도 무섭다. 알고 보니 주택 문제 일자리문제 등 청년층의 여러 가지 애로사항 때문도 있지만 결혼할 인구 자체가 줄어들고 있다는 것이다. 이런 상황이 당연하게 받아들여져서 모두 손 놓아버리게 되는 상황이 올까 그게 두렵다.

의료 개혁

첫 번째 제안 : 간호사를 활용하자
두 번째 제안 : 서울대병원을 구례에 설립하라!

지방 중소도시 또는 소위 소멸 위험 지역에 살면 보통 여러 가지 불편은 감수할 생각을 한다. 그런데 의료는 다르다. 그건 두려움이다. 불편으로 치부할 수도 있는 경우도 많겠지만 위급한 순간에 대한 두려움이 있다. 지방 거주를, 특히 군 단위 지역의 거주를 주저케 하는 결정적 이유 중 하나다.

첫 번째 제안 : 간호사를 활용하자

　간호사의 권한을 대폭 확대하는 방향으로 의료법을 개정하라.

　미국처럼 하자는 것이다. 우리나라 의사들이 최고 의학기술의 나라로 의심의 여지 없이 인정하는 미국 의료계처럼 하자는 것이다. 간호사들에게 1차 진료권을 주자. X-ray 사진도 찍고 초음파도 할 수 있게 하자. 간단한 처방도 하고 처치도 할 수 있게 하자. 수십만 명의 간호사 중에 경력을 따져서 시험을 통과한 가칭 '간호사닥터'에게 1차 진료가 가능한 면허를 발급하자. 미국에서 이미 수십 년째 시행하고 있다. 얼마나 효과적이면 갈수록 간호사에게 권한을 더 주는 방향으로 법이 계속 개정되고 있겠는가. 참여하는 주도 늘어서 모든 주에서 약간의 정도 차이만 있을 뿐 간호사들의 1차 진료는 상식이 되어 있다.

　그런데 일단 지방 중소도시와 군 단위 지역에서부터 시작하도록 하자. 사실 이런 생각을 할 수밖에 없는 결정적 이유는 지방에, 특히 시골에 의사가 절대적으로 부족해서다. 의사는 구할 수 없는데 의사단체들은 지방으로 갈테니 돈을 왕창 올려주라고 한다. 시골 병의원은 의료수가를 대폭 상향 조정해 달라는 것이다. 의대 정원도 절대 늘릴 수 없다고 한 발짝도 물러서지 않아서 30년 가까이 의대 정원이 단한 명도 늘어나지 않고 있다. 오히려 의약분업을 거치면서 줄었다. 우리나라에서 이렇게까지 막무가내고 요지부동인 분야는 없는 것 같다. 그것도 국민 생명과 직결되는 의료분야에서 말이다. 2000년 의약분업 시행 때 의사단체의 가장 중요한 요구는 의대 정원 축소였다. 약사에게 약 조제권을 주는 대신 우리는 의대 정원을 줄여달라 이것이 골자였다. 그래서 무려 242명이나 줄여줬다. 이명박 박근혜 문재인 모두 의대 정원을 늘린다거나 의대를 신설한다는 공약을 내세웠지만 아무도 실천한 이는 없었다. 문재인 정부조차 180석의 여권 국회의원과 함께 그야말로 무소불위의 권력을 가졌는데도 아무 일도 일어나지 않고 있다. 미국 대통령 8명이 바뀌는 48년 동안 FBI 국장을 지낸 에드거 후버 사례가 떠오른다. 그러고 보면 우리나라의 실제 권력은 의사단체에 있는 것 같다.

두 번째 제안 : 서울대병원을 구례에 설립하라!

집필을 위해 취재를 하면서 지방의 의료 문제가 심각하다는 것을 다시 한번 느끼게 되었다. 그리고 그것이 지방소멸을 가속할 수밖에 없겠다는 결론도 내렸다.

지방에 시급한 것은 의대가 아니라 실력 있는 종합병원이다. 물론 둘 다 있어야 한다. 특히 전남엔 의대가 없다. 경상도에 의대가 11개 있다. 심지어 대구에만도 4개가 있다. 해도 해도 너무했다. 목포에서는 1990년부터 목포대에 의대 유치하려는 노력을 시작했다. 32년째 아무 소득이 없다. 순천도 범시민유치운동이 벌어진 지 7년이 지났다. 역시 구체적인 성과는 아무것도 없다.

그런데 전남에 의대만 없는 게 아니다. 대학병원도 없다. 하나 있긴 한데 행정구역만 전남이고 사실상 광주광역시인 위치에 전남대 화순병원이 자리하고 있다.

서울대병원이어야 한다.

우리나라에서 가장 실력 있는 병원이 어디냐고 묻는다면, 전문가들 사이에선 말이 엇갈릴 순 있어도 일반인들에겐 서울대병원이란 답이 가장 많이 나올 것이다. 서울대병원이란 이름이 갖는 상징성이 그만큼 클 수밖에 없다.

서울대병원은 공공의료를 해야 할 의무가 가장 큰 대학병원이다. 서울대법인화법이란 것이 만들어진 지 10년이 지났다. 우리나라 모든 대학 중에서 서울대만 특별 대우를 해주면서 정부 지원금을 쏟아 부어주고 있다. 그뿐인가 서울대를 법인화시킨 목적 중의 하나가 각종 기부금을 더 많이 받고 효율적으로 쓰기 위함이었다. 그래서 오늘도 서울대에 기부하는 것이 나라 발전에 도움이 될 것이라고 믿는 순수한 기부가 이어지고 있다.

지방이 가장 절실하게 필요로 하는 것이 의료이고 그중에서도 공공의료라면 누가 나서야 하겠는가? 지방을 살리는 일을 하려 한다면 최우선으로 메스를 대야 할 분야로 의료가 꼽힌다. 그리고 아예 '최고'가 나서는 것이 가장 효과적이고 상징적 의미도 크다고 보는 것이다.

왜 구례인가?

서울대학교는 약 110년간 지리산과 백운산 일대를 남부학술림이란 이름으로 사용해왔다. 다른 지역에도 학문 연구 목적의 학술림이 몇 군데 되기는 하는데 규모 면에서 비교조차 되질 않는다. 경성제국대학 시절부터 사용했는데 당시 북부학술림은 백두산이었다고 한다. 그런 역사가 무려 110년이 되었다. 그동안 서울대는 남부학술림을 바탕으로 수많은 연구를 했고 마음껏 활용했다. 그리고 그 모든 것은 무상(無償)으로 이루어졌다.

총 163㎢ 면적으로 여의도의 55배 크기를 110년간 아무 대가 없이 사용하고 있는데 구례와 광양이 전체 면적의 절반 정도씩이다. 참고로 이미 2011년에 서울대는 구례에 서울대남부캠퍼스 설립을 제안한 적이 있다. 저 어마어마한 땅을 무상으로 양도받기 위해서 한 제안이었다.

구례는 전남에서는 말할 것도 없고 전국에서도 가장 낙후된 고장으로 꼽힌다. 2018년도엔 재정자립도 전국 꼴찌를 했고 인구 감소 속도도 전국에서 가장 가파른 수준이다. 2021년 10월 현재 인구 25,000명 선도 무너지고 있다. 말하자면 지방소멸의 상징 같은 곳이다.

　시각을 의료사각지대라는 관점에서 지도를 펴고 구례 주변을 둘러보면 왜 구례여야 하는지 이유가 또 생긴다. 구례는 전라북도의 동부 지역과 접하고 있다. 남원 임실 순창 진안 장수 무주다. 이곳들도 우리나라 대표적인 의료사각지대다. 또 동쪽으로는 하동 산청 함양 등 지리산권 경상도 지방이 있는데 이 지역들도 열악하기는 마찬가지다. 남쪽으로는 크게 잡아 여수 순천 광양이 있다. 이 70여만 명이 사는 도시에 변변한 종합병원이 없다. 아예 없진 않으나 어엿하다고 보기엔 크게 무리가 있는 수준이다. 그러니 좀 큰 병이다 싶으면 광주나 서울로 간다.

　구례 서울대병원은 단순히 서울대병원을 지방에 하나 더 설립하는, 비지니스 의료 사업이 아니다. 이것은 정책이다. 공공의료에 적극적으로 국가가 나서겠다는 의지의 표현이다. 지방소멸에 실질적으로 대응하겠다는 의미다. 지방을 살리겠다는 상징적이면서 구체적인 선언이다. 그러니 그 최적지이자 명분까지 갖춘 구례에 설립하자는 것이다. 게다가 호남 소외에 대한 역사적 응답이기도 하다.
　또 검토만 하면서 뭉그적거리다가 10년 날아갈 것이 우려되긴 하지만 그래도 지금이라도 시작하자.

글을 마치며

에필로그

광주를 다루고 싶었다

광주를 다루고 싶었다.

이 시대를 사는 우리는 모두 光州에 빚이 있다고 생각한다. 그래서 내가 잘하는 것으로 미력하나마 광주에 도움이 되고 싶었다.

그런데, 이 책에서 강조하는, 도시 컨셉은 이래야 한다는 기준에 딱 들어맞진 않았다. 그래서 본문에선 빠졌다. 그러나 책을 탈고(脫稿)하면서 보니 너무 아쉬웠다. '호남이 잘 사는 것이 정의'라고 믿기에, 호남의 8개 도시에 대한 지역발전의 컨셉을 잡고, 구체적인 전략과 아이디어들을 냈는데 정작 호남의 심장 광주에 관한 얘기는 없다니…. 그래서 여기 에필로그 자리에 다른 이야기 다 밀어내고 '광주'를 앉힌다.

꼭 지역발전이 아니더라도 도시엔 컨셉이 있어야 한다. 지역민을 하나로 묶고 자긍심을 느끼게 하고 공동체 의식을 고양할 구심점의 역할을 할 그 무엇 말이다.

승리의 역사

우리나라 민주화운동의 뿌리는 5·18이다. 5·18이 있었기에 6월 항쟁이 있었고 민주화가 급진전 되었다. 5·18이 없었다면, 아직도 쿠데타와 군사 독재로 이어진 정권이 권력을 잡고 있을지도 모른다. 남미나 동남아 아프리카 중국 중앙아시아 등에서 수많은 사례를 본다. 그런데 우리나라는 5·18정신에 기초한 6월 항쟁으로 인해 7년 만에 공화국이 바뀌었고 그로부터 10년 만에 완벽한 민주주의 국가가 되어 오늘에 이르고 있다. 이제 우리나라에서 쿠데타가 다시 일어나 군인이 정권을 잡고 인권을 탄압하는 상황이 재현되는 것은 불가능에 가깝게 되었다. 이것이 승리가 아니고 무엇인가.

광주학생독립운동은 1929년 11월 3일에 시작되었다. 광주에서 시작된 들불은 이듬해 5월까지 전국으로 번졌다. 동맹휴학과 시위가 퍼져나갔다. 심지어 간도에서도 시위가 벌어졌을 정도였다. 그리하여 장차 독립운동이 다시 큰 힘을 얻게 된 계기가 되었다고 한다. 이에 대해 김구 선생은 샌프란시스코 교포단체에 보낸 편지에 이렇게 썼다.

"다시금 감축한 것은 수년간 우리 독립운동이 침체 상태에 빠졌던 현상이 광주학생운동으로 기인하여 강경히 진작(振作)됨을 따라 정부의 비용도 가일층 호번(浩繁)한 차시"라고 썼다. 1929년 11월 일어난 광주학생독립운동 이후 독립운동이 다시 활성화됐고, 경제적 어려움에 처했던 상해임시정부의 재정도 나아졌다는 내용이다. 광주학생독립운동 의거가 미국교포들에게 알려지면서 이들이 독립을 위해 임시정부를 지원했던 것이다. 독립운동이 이 나라를 되찾는데 결정적 역

할을 한 것이 분명할진대, 그곳에 광주의 역할이 상당하였음이 증명
된 것이다. 이것이 승리의 역사가 아니면 무엇인가.

서로 돕는다

5·18이 이렇게 역사적인 사건이 된 데에는 분명한 이유가 있었다.
'위대한 광주시민' 덕분이다. 5·18은 처음엔 전남대를 비롯한 대학생
들 위주의 반정부 시위였다. 그런데 그 진압과정에서 계엄군에 의한
무자비한 탄압이 시민들 눈앞에서 펼쳐졌다. 수많은 평범한 광주시민
들이 놀라운 용기를 냈다. 그 광경을 보고만 있지 않게 된 것이다. 평
범한 광주시민이 '위대한 광주시민'으로 재탄생되는 순간이었다.

광주에선 5·18부터 약 열흘간 단 한 건의 민생사건도 일어나지 않
았다. 절도나 강도 강간 등의 어떤 약탈사건도 일어나지 않았다. 서로
서로 지켜 줬던 것이다. 그리고 수많은 시민이 나서서 시위대에게 주
먹밥을 챙겨주고 부상자 치료 등을 도왔다. 그렇게 1980년 5월의 광
주시민은 위대했다.

광주학생독립운동의 출발점도 비슷하다고 볼 수 있지 않을까? 조선
여학생들이 일본 학생들로부터 희롱당하는 것을 참지 못한 조선 청년
들이 집단 반발하면서 시작되었다. 그리고 이미 울분에 가득 차 있던
광주 청년들은 단 며칠 만에 시위를 거행하면서 독립운동이라고 분명

하게 천명해 버린다. 조선 여학생에 대한 성희롱이 어디 광주뿐이었고 그때뿐이었겠느냐마는 광주 청년들은 참지 않았고 단체행동을 했고 독립운동으로 연결시켰던 것이다. 그리고 그것은 앞서 기술했다시피 침체되었던 독립운동의 부활로 이어졌다.

서로 도와 승리하는 광주

광주정신이란 말이 있다. 불의에 항거하는 정의로운 광주의 영혼이란 뜻으로 알고 있다. 그런데 우리나라 어떤 도시도 도시명 뒤에 정신이란 단어가 붙는 사례가 없다. 그만큼 광주가 근현대사에서 큰 위치를 차지하고 있음을 알 수 있는 대목이다. 그렇다면 이것을 광주시민들이 자랑스럽게 느끼고 미래를 담은 도시의 슬로건으로 연결시키는 것이 바람직하다. 그렇게 만들어진 도시 슬로건이다. '서로 도와 승리하는 광주'

광주가 자랑하는 세계 최초의 일자리 창출 방식인 '광주형 일자리' 광주글로벌모터스가 2021년 가을 본격 생산을 시작했다. 지역에서 1,000여 명을 직접 고용하고 파급효과도 만만치 않다고 한다. 그런데 이 공장이 완성되기까지 이런 개념의 회사는 세계에서 처음이기에 수많은 우여곡절이 있었다. 그리고 그 근간에는 이 광주형 일자리라는 개념 자체가 노동자, 회사, 광주시의 상호 양보와 협력에서 출발한다는 전제가 있었기에 여기까지 올 수 있었다. 서로 양보하고 도와 승리한 것이다.

광주가 미래 주력산업으로 밀고 있는 AI산업은 어떤가?

나는 인류가 AI를 대함에 있어, 인간과 AI가 공존 협력한다는 마인드가 필요한 시점이 조만간 도래하리라 믿는다. 그런 의미에서 광주의 미래 지향적 주력산업인 AI와 관련하여 서로 돕는다는 개념이 광주의 컨셉과 어울린다고 생각한다. 인간이 인공지능을 비즈니스의 도구로만 생각하는 것이 아닌, 시너지를 내는 대상으로 여길 때 발전이 빨라지지 않을까?

광주의 또 다른 미래 먹거리이자 자랑거리인 에너지밸리도 마찬가지다. 세계 유일의 에너지 전문 공과대학인 한국에너지공대, 한국전력, GIST, 전남대를 비롯한 지역 대학들, 광주시, 전남도 모두 힘을 합쳐야 한다. 그래야 세계적인 에너지밸리가 만들어질 수 있다. 아마세계 제일도 가능하지 않을까 예상해본다.

서로 돕는다는 철학과 정서가 시 전체에 퍼지게 되었을 때 일어나는 현상에 대해 그려보겠다.

광주에서는 범죄가 일어나기가 쉽지 않아질 것이다. 분명 검거된다는 두려움이 범죄자들 사이에 퍼질 것이다. 시민들이 이웃의 어려움을 외면하지 않을 것이기 때문이다. 직접 돕거나 신고하거나 끝까지 추적하면서 경찰에 협력하는 등의 시민 정신이 펄펄 살아있는 도시기 때문이다.

　왕따도 사라져갈 것이다. 서로 돕는 것을 도시의 철학과 전통 그리고 제일 가치로 삼아 교육하는 현장에서 왕따는 현저히 줄어들 것이 확실하다. 더 적극적인 노력을 기울인다면 타 시도에 비해 크게 차이 날 것이다.

　복지 사각지대가 확 줄어들 것이다. 공적 조직의 손길이 미처 미치지 못하는 곳이 많다. 이들에게 필요한 것은 이웃의 관심이다. 이웃이 직접 챙기거나 공공 기관에 연결을 시키는 것이다. 공적 조직을 확대하는 것보다 훨씬 효율적이다. 서로 돕는다는 광주정신이 해결할 수 있다.

서로 도와 마침내! 승리하는 광주

　사람도 길게 봐야 한다. 잠깐 성공한 것처럼 보여도 길게 보면 모를 일이다. 특히 그 성공의 바탕이 땀과 노력이 아니라면, 사상누각의 가능성이 크다는 것을 우리는 안다. 또한, 그 반대의 경우도 우리는 알고 있다. 눈앞의 이익이나 손해에 연연하지 않고 원칙을 지키면서, 바람에 쉽게 흔들리지 않는 뿌리 깊은 나무 같은 삶을 사는 사람은 언젠가 인정받게 되어 있다는 것을 안다.

호남은, 광주는 단기적으로는 늘 패한 것처럼 보였다. 동학혁명도 그랬고, 의병전쟁도 그랬다. 광주학생독립운동도 마찬가지였으며 5·18이 가장 심했다. 그러나 역사가 말해주고 있다. 그 숭고한 희생과 정의로움이 절대 헛되지 않았음을 훗날 역사가 인정하고 있다. 정치적 박해를 받아서 경제적으로 가장 뒤처졌지만 이제 자신의 힘으로 미래를 개척하고 있다.

광주와 호남에서 용감하게 역사를 만드셨던 조상님들에게 당신들의 용기와 희생은 헛되지 않았다고 말씀드리고 싶다. 그리고 현세와 후손들이 당신들의 뜻을 이어받아 마침내! 승리하고 있다고도 말씀드리고 싶다.

광주가 서로 도와 마침내! 승리하리라. 그것이 정의다.

사(私)필로그

　일 년에 책을 두 권 쓰는 일이 쉽지만은 않았다. 사업도 하고 있고, 인생에서 새롭게 용기 내는 일도 있어서 더욱 그랬다. 가족의 응원과 이해가 큰 도움이 됐다. 고마움을 표현하고 싶다. 책에 이름 올라가는 것을 신기하게 생각하는 유치원 초등학생 중학생이니 지금을 기록하고 싶다.

　지금껏 한 번도 싸우지 않은 삼남매
안유선 : 이런 효자 장남이 또 있을까? 186에 111킬로다. 동생들에게 山같이 든든한 형이자 오빠다. 약자 배려와 베푸는 성격이어서 인기가 좋다.
안유민 : 성격 최강이다. 만화책에서 막 나온 것처럼 착하고 명랑하다. 특히 동생을 잘 데리고 놀아서 정말 예쁘다. 배려심이 아주 뛰어나다.
안유찬 : 천재 금동이, 이렇게 귀여울 수 있을까? 온 가족의 사랑을 듬뿍 받고 있다.

　나와 아이들의 사랑이자 자랑 영원한 검사, 아내 김인숙에게 이 책을 바칩니다.

아이디어 하나가 지역을 살린다

1판 1쇄 발행 : 2021년 11월 30일

지은이 : 안익준

디자인 : 깨몽디자인

펴낸 곳 : 하움출판사
펴낸 이 : 문현광
주소 : 전라북도 군산시 수송로 315 하움출판사 　　**홈페이지** : haum.kr
이메일 : haum1000@naver.com 　　**전화번호** : 070-4128-7846

ISBN 　979-11-6440-875-7 03350

좋은 책을 만들겠습니다.
하움출판사는 독자 여러분의 의견에 항상 귀 기울이고 있습니다.